心が折れない子が育つ

こども論語の言葉

齋藤 孝

PHP文庫

○本表紙図柄＝ロゼッタ・ストーン（大英博物館蔵）
○本表紙デザイン＋紋章＝上田晃郷

文庫版まえがき

２０１０年に『子どもが育つ論語の言葉』として出版した本を、この度文庫版として出版する運びとなりました。２０１０年から２０１７年までの７年間で、子どもたちを取り巻く環境には大きな変化がありました。それはＳＮＳ（ソーシャルネットワークサービス）の全盛です。

ＳＮＳは子どもたちの心の環境をがらりと変えました。ＬＩＮＥなどで常に友だちとコミュニケーションをとり、自分自身を友だちからの目で見る習慣がついてしまったのです。

自分を認めてもらいたいという欲求を、承認欲求と言います。これは大人にも当然あるものです。承認欲求が強くなりすぎると、他者からの承認がないと不安に陥《おちい》るようになります。

他人からの評価でしか自分をとらえることができない。そんなあり方は非常に不安定なものです。そこに欠けているのは、自分で自分を支えることのできる精神の強さです。

孔子は人からの評価を気にかけるな、自分自身に足りない部分があることを気にせよ、自分自身の力が足りないことを気にせよと、何度も言っています。孔子の時代から、弟子たちは他人からの評価を気にしていました。しかし、現在の子どもたちの状況というのは、毎日が他者の視線による評価にさらされ続けているという状況です。これは、心を相当疲弊《ひへい》させる環境と言えます。

LINEでの既読スルーが一つあっただけで心が傷つき、眠れなくなる、といったことはよくあることです。1日に5時間以上SNSをやる中高生も珍しくありません。

一方で、本を読む時間はどんどん減っています。本を読むということは、著者やそこに描かれた人物の人格を自分の中に入れるということです。『ソクラテスの弁明』を読めば、ソクラテスという大きな人格が自分の中に住み込むようになります。『論語』を読めば、孔子という偉大な人格が自分の中に住み込むようになります。そうして、自分の心を偉大な人物の森にしていくことが読書の良さです。

そうした偉大な先人と触れ合う機会である読書をほとんどせずに、友達とのおしゃべりで心を満たそうとするのには無理があります。精神の力は、偉大なる精神の持ち主の影響によって培(つちか)われるものです。友達とのおしゃべりだけでは精神の力は養われません。

精神の力というと漠然としたもののように思われるかもしれませんが、実際には社会を生き抜く上で一番大切な力です。

様々な要求が自分の身に降りかかるときに、それに負けずに応えていく。そうしたものも精神の力です。

心が日々移り変わる天気のようなものだとしたら、精神はぶれることが少ない一生を貫く棒のようなものです。一生貫いてぶれることがない精神の力を持った人は、心も安らぐことができます。

『論語』は、約1500年前の伝来以来、日本人が長い間愛し続けてきた書物です。たどれば、聖徳太子の十七条の憲法にも「和を以て貴《とうと》し為《な》し」とありますが、これも『論語』の中にある「礼の用は和を貴しと為す」という言葉とつながっています。日本人が精神というものに目覚めたときから『論語』はともにあったということができます。

今の時代はストレスが多い時代です。そんな時代にこそ、精神を安定的に保つ最良のテキストである『論語』をお勧めしたいと思います。『論語』の言葉を手掛かりにして、家庭の教育をやってくだされば安定した精神の子どもになっていくと信じています。

齋藤　孝

※本書で取り上げた『論語』の言葉は原則として、原文、読み下し文とともに、金谷治訳注『論語』（岩波文庫）に準拠しています（一部省略した箇所があります）。また、表記は可能な限り常用漢字と現代仮名づかいを使用しています。原文の後の括弧は、岩波文庫版で示されている編と章番号を表しています。

はじめに

いま、『論語』が見直されています。

一見、『論語』とは関係ないビジネスの世界でも、『論語』に学ぶ動きが出ています。子どもの教育のテキストとしても、再び評価されつつあります。

二五〇〇年前の孔子先生の言葉が、いまの日本で見直されるのは、いまの日本人が不安の中で「筋」を見出したいと思っているからです。「筋の通った生き方」を孔子は説きます。「仁」という人に対する思いやりの心、信頼や信用の「信」、心の広さである「恕《じょ》」、筋を通す「義」、誠意の「誠」など、大切な価値観を弟子たちに伝えた記録が、『論語』です。

江戸時代の日本では、孔子の教えを柱とした儒教が価値観の基礎になっていました。寺子屋のテキストとしても、孔子の言葉が使われていました。大人と子どもが同じ孔子の言葉を学んでいたのです。現在の日本では、子どもには子ども用のやさしい言葉の本が中心となっていますから、大きな違いがあります。

「人としての基本を学ぶのは、子どもの頃からの方がいい。そのテキストとしては『論語』がいい」

そう昔の日本人は考えてきました。家に祖父・祖母がいなくなり、父親の権威も落ちてきたいまの日本では、「こう生きるのがいいのだ」「こんなことはしてはいけない」「こう考えれば道を外さない」と自信を持って子どもに諭《さと》す存在が少なくなりました。

この本では、孔子の言葉の中から、子育てに役立つフレーズを選び、ふだんの生活の中で子どもに自然に語ることができるようにしました。勉強や習い事など、いまの子育ての状況に合わせて、言葉を選びました。『論語』は古いものなので、さすがに現在とは状況が違いますし、弟子たちは大人です。言葉が子どもの心に入っていく形を整える必要があります。

そこでこの本では、日常の具体的なシーンを想定して、親子の会話の形を取りました。言葉は、その場の状況に合ったとき、ぐっと心に入ります。この本の中の会話を、ご家庭の状況に合わせてアレンジして使っていただければと思います。

『論語』は、孔子と弟子たちの対話の記録です。親子の対話の中で孔子の言葉が引用されるのが、一番の活用法です。まずは、親自身が、孔子の言葉に慣れて、とにかく何度でも子どもに向かって言ってみてください。五回言って伝わらなくても、十回、二十回と言えば伝わります。

たとえその場で子どもがすべてを理解できなくても、やがて人生の大切な場面で「あー、あの言葉はこういうことだったのか」と思うときがきます。

『論語』は一生ものです。最高のプレゼントを、お子さんの未来に向けて贈ってあげてください。

齋藤　孝

こども論語の言葉　目次

第1章「人生」の生きがいを見つける

第2章　「学ぶ」幸せを実感する

第3章 よりよい「人間関係」をつくる

第1章

「人生」の生きがいを見つける

「人は外見がすべてなの？」と言われたとき

1 髪の毛ばかり気にする人は、人間性も薄っぺら

原文 巧言令色、鮮矣仁（学而第一―3）

はるか「お母さん、はるかをどうしてもっと美人に生んでくれなかったの？　はるかがリサちゃんみたいに美人だったら、よかったのに」

母「はるかだってかわいいわよ。それにはるかは、弱い子の味方をしたり、お母さんを手伝ってくれたり、とっても思いやりがある素敵な子よ」

はるか「でも美人のほうがいい」

母「じゃあ、はるかは顔だけイケメンで中身は全然ない男の子がいいと思う？　頭はからっぽで、いつもヘアスタイルばかりいじってるおバカな男の子がいいかしら？」

はるか「そんなことないけど」

母「孔子先生もこう言っているの。

巧言令色《こうげんれいしょく》、鮮《すく》なし仁《じん》

口が上手で、外見がいい人は、たいてい人間的に徳がないものだよ、という意味よ。人を見た目で選ぶと失敗するの。はるかも外見ばかり気にしないで、中身を磨くようにしようね」

解説

いまの時代は外見や第一印象がひじょうに重視されています。男性でさえ、イケメンブームで、トークがうまく、顔のいい男性が当たり前のようにモテる時代になっています。大学でも男子学生がヘアスタイルやファッションばかり気にしています。その分、本を読まなくなったので、人間的に浅くなった気がします。

孔子はいまから二五〇〇年も前に、「髪の毛ばかり気にしたり、眉毛を一生懸命整えているような人は、人間性も薄っぺらです」と予言していたかのようです。

〈巧言〉は口がペラペラとうまいことを言いますが、必ずしもトークが上手ではなくてもいい、と孔子は言っています。もっと大事なのは、人を思いやる真心です。

孔子の言う「仁」とは、優しさや真心のことです。**口がうまくて、容姿ばかり気にしている人は、外見に気を取られてしまうので、真心や優しさに欠**

けていると孔子は指摘しています。

〈巧言令色、鮮《すく》なし仁〉をどういうときに使うのかというと、ペラペラと口先だけで言いわけをしているようなときがいいでしょう。子どもが友だちとの約束を破ったときに「急に用事を言いつけられて」というような言いわけをして、自分を正当化していたら、〈巧言令色、鮮なし仁〉とピシッと言いましょう。

〈令色〉は顔をいろいろ整えることです。子どもが本を全然読まずに、鏡ばかり見ているようなときも、「そこをめざしてもダメなんだ」と教える必要があります。中身がない人は中身がない人としかつきあえません。うわべばかり取り繕《つくろ》っても意味はありません。

折にふれて、**〈鮮なし仁〉とすかさず言うことで、子どもの心に「仁」という言葉が焼きつきます。**「仁」の意味がよくわからなくても、「きっと大事なものなのだろうな」という漠然とした感覚が入ってきます。それが大切です。人は外見ではなく中身、ということが「仁」を通してしっかり身につけば、大人になってから、いい加減な人にだまされるのも防げるのではないでしょうか。

同じようなものに次の言葉があります。

悪衣《あくい》悪食《あくしょく》を恥《は》ずる者《もの》は、未《いま》だ与《とも》に議《はか》るに足《た》らず（「而恥悪衣悪食者、未足与議也」里仁第四—9）

粗末な服を着て、粗末な食事をしているからといって、恥ずかしがることはない。それを恥ずかしがるのはまだともに道を語るに足りない、という意味です。ちゃんとした志や目標があれば、外見など関係ない。心の内側に宝物を増やしていくことが大切だということです。

過ちをおかしたときの対処法を教える

2 過ちを認めて、スピーディーに切り換える

原文 過則勿憚改（学而第一―8）

たけし「お母さん、ヒロシ君たらね、自分が間違っても、ぜったいに間違ったって言わないんだよ。この間もね、自分が笛を音楽室に忘れてきたのに、笛がなくなった、誰かがとったって、大騒ぎになったんだよ」

母「きっと、ヒロシ君は間違いを認めるのが嫌なのね。でも間違いをすぐ認めないでグズグズしていると、もっと大変なことにな

っちゃうのよ」

たけし「僕が間違ったら、どうすればいいの？」

母「自分が悪いと思ったら、すぐに認めて改めるの。孔子先生もおっしゃっているのよ。

過《あやま》てば則《すなわ》ち改《あらた》むるに憚《はばか》ること勿《な》かれ

過ちはためらわずにすぐ認めて改めなさい、という意味よ。そうすれば被害は最小限でおさえられるわ。ヒロシ君もすぐに自分が間違ってたって言えば、そんなに大騒ぎにならずにすんだのにね」

解説

人は自分の過ちをなかなか認めたくないものです。これは子どもだけでなく、大人の世界でもそうです。たとえば企業などで方針が間違っていても、なかなかそのやり方を変えずにグズグズしているうちに、傷を深くしていくことがあります。

ですから自分が間違った、と思ったら、躊躇《ちゅうちょ》してはいけません。「ごめん、さっきの間違っていたから」とすぐに言ってしまうと、すぐさま修正にとりかかれるので、ひどいミスにならずに取り返すことができます。

その点、孔子はスピーディーな人でした。自分が間違っていたと思ったら、さっさとその過ちを認めて、切り換えなさいと言っています。おそらく孔子自身もそうやって柔軟に対処してきたので、あれほどの大人物になれたのでしょう。

間違いをおかしても、恥ずかしく思わなくてもいいのだ、というのは孔子からの重要なメッセージです。〈憚《はばか》るな〉とは「躊躇するな」という意味ですから、間違いを認めて改めるのを躊躇するな、ということです。間違ったことで、正しい道が示されるのですから、その間違いはたいへん大きな意味があります。恥ずかしく思う必要はありません。

私も小学校時代に完璧に間違ってしまったことがあります。釣り合いを計る実験で、私は自分の仮説を延々と一時間近く力説し、クラスのほとんどの生徒も私の説に賛成しました。一方、クラスではあまり人気がない子が、孤軍奮闘で私の説に反対しました。

私は自信満々だったのですが、実際に実験してみたら、見事に自分のほうが間違っていました。赤っ恥をかいたのですが、そのとき「いや、これ、完全に僕が間違ってたわ」と素直に間違いを認めたので、スッと気持ちが楽になったのを覚えています。

ここで負け惜しみを言ってグズグズ言いわけをしていたら、きっと引っ込みがつかなくなっていたでしょう。科学者は、自分の説が正しいことを証明するだけでなく、間違っていることを示してもらうとうれしいそうです。それが本物の科学をやる人たちの姿勢です。

自分の間違いを指摘されたとき、その人の人間性が出ます。大学生でもトラブルを大きくする人がいますが、見ていると、自分の間違いを直さない人です。すぐに修正できる人は、ミスがあっても許されますが、「ここを直して」と言われても直さないと、相手が怒ってしまい、トラブルが大きくなるのです。

勉強でも同じで、間違った箇所を自分できちんと確認してすぐに直せるようだと、次からは同じ間違いをおかしません。でも間違いをすぐに直せない子は、半年たっても同じ間違いをしつづけます。**まずは「すぐ直す」という習慣とスピードを身につけることが、伸びていく力につながります。**

3 削ったり、磨いたりしているうちにピカピカになる

原文 如切如磋、如琢如磨（学而第一―15）

たけし「サッカーの監督が、よく『〝せっさたくま〟して強くなろう』って言うんだけど、『せっさたくま』ってどういう意味？」

母「それは孔子先生の『論語』に出てくる言葉なの。

切《せつ》するが如《ごと》く磋《さ》するが如《ごと》く、
琢《たく》するが如《ごと》く磨《ま》するが如し

という言葉を縮めて『切磋琢磨』という熟語になったの。勉強やスポーツや研究など、自分の道に励んで修養を積むことを『切磋琢磨』というのよ。いいお友だちやライバルと競い合って、自分を磨いていけば、伸びていけるという意味よ」

解説

〈切するが如く磋するが如く、琢するが如く磨するが如し〉は孔子の弟子の子貢《しこう》が言った言葉です。孔子と子貢が話していたとき、子貢が詩経にうたわれているこの言葉を引用したところ、孔子が「それでこそ、おまえと一緒に詩の話ができるね」と喜んだという話が『論語』におさめられています。

〈切するが如く磋するが如く、琢するが如く磨するが如し〉の訳は諸説あるようですが、金谷治さんの『論語』（岩波文庫）の解説によると、「切」は骨、「磋」は象牙、「琢」は玉で、「磨」は石を磨くことだそうです。

つまり象牙や玉、石など磨き方にもいろいろありますが、そうやって磨いていくと、ピカピカに美しくなっていくという意味です。要するに自分の磨き方を四つの種類で述べているわけです。これは〈切磋琢磨〉という四文字熟語として覚えてしまってもいいでしょう。

ここからイメージされるのは、最初はあまりきれいでないものをあちこち削り取ったり、磨いたりしているうちにピカピカになる、その変化に目をみはるものがあるということです。そして磨くのはあくまでも自分自身でなければなりません。

たとえば子どもが勉強や習い事の練習で、苦しいとか面倒くさい、と言っているとします。そのとき「**いまはつらいかもしれないけれど、それは自分が磨かれているんだから**」というように説明してやればいいでしょう。

ザラザラした石を磨くとき、当然、摩擦が起きます。それが「つらさ」や「苦しさ」です。私は実際に**子どもに何かを磨かせて経験させたほうがいいと思います。**私も小学生のときリンゴ磨きに凝ったことがあります。リンゴをハンカチでキュッキュッと磨くのですが、驚くほどピカピカになります。それが面白くて、以来、石を磨いたり、古いコインを磨いたり、いろいろなものを磨くようになりました。

そして自分で手をかけてピカピカにすると、まるで自分の宝物のように大切に思えてきます。ただの石なのに何倍も価値が増した気がします。それを子どもにも実体験させると、〈切磋琢磨〉のイメージがより具体的になります。

「こすると摩擦が起こるでしょう？　それがつらさや苦しさだけど、擦り合わせているうちにどんどんピカピカになっていくよね。勉強や習い事も同じだよ。自分と同じくらいの力か、それより上の人と競い合って、キュッキュッと磨き合っていると、どんどん伸びていくんだよ」と教えましょう。

子どもがもし「弱い人と一緒に走ったほうが、自分が速く見えていいな」と言ったとしたら、「弱い相手とだったら、摩擦が起きないから磨かれないよね」と教えるのです。そして「いまはつらいけれど、このつらさは自分が磨かれている証拠だ」と思えるようになればしめたものです。

くだらないケンカをやめさせるには

4 バカバカしいことでケンカしてもしょうがない

原文 君子無所争（八佾第三―7）

はるか「お母さん、リサちゃんって、ムカつく。大っ嫌い。だってこの間、宿題を忘れてきたとき、私のプリントを見て、答えを写したんだよ。『見たでしょ』って言ったら、『見てない』ってウソをつくの」

母「それでどうしたの？」

はるか「なんで、ウソつくのって、ケンカになって、そしたらリサちゃん、泣きだして、ずっと泣いてて、ほんと、ウザいったらありゃしない」
母「たしかに宿題を忘れて、はるかのプリントを見たのはいけなかったわね。でもそれくらい大目に見てあげたら？」
はるか「なんで？　どうしてケンカをしちゃいけないの？」
母「それはね、孔子先生の言葉にこういうのがあるの。

君子《くんし》は争《あらそ》う所《ところ》なし

立派な人はどんなことにも無駄な争いをしない、という意味よ。はるかちゃんは君子なんだから、そんな小さいことで怒ったりしないの。一緒になってケンカしていると、あなたも同じ仲間になっちゃうのよ。バカバカしいことでケンカをしてもしょうがないでしょ？」

解説

子どもはよく、くだらないことでケンカをします。兄弟ゲンカはしょっちゅうです。そんなときは〈君子は争う所なし〉と言っておさめるといいでしょう。

無駄なバカバカしいことでケンカをしてもしょうがない、と孔子は言っています。そういうことをするのは小さい人、小人《しょうじん》のやることだ、**できた人間である「君子」は小さいことで争わないと、子どもに教えておきましょう。**

この「君子」「小人」という概念は、子どもにもわかりやすいので、説得するときに便利です。「君子」というのは心が広くて、礼儀正しくて、いつも朗《ほが》らかでいる人です。「小人」とは文字どおり、心が小さい人間のことで、小さなことですぐイラついたり、人を疑ったり、自分がやるべきことをやらない人です。

「君子」と「小人」を頭に入れておくと、世の中がクリアに見えてきます。

たとえば親子でファミリーレストランに行ったとします。たまたま店が混んでいて忙しく、ウエイトレスさんが不機嫌だったとします。すると「あ、この人は小人だな」とわかります。

反対にものすごく忙しいのに、にこやかにしているウエイトレスの人がいたら、「ああ、この人は君子だ」と判断できます。このように周囲を見渡しても、「君子」と「小人」に分けることができるので、子どもも学ぶことができます。

親は子どもが「ムカつく」とか「キモい」とか「ウザい」と言いだしたら、要注意です。そういう言葉は争う気持ちの大本になっていきます。「なぜイラつくの?」「なぜ気持ちが悪いの?」と理由を聞き、子どもの言い分を聞いてやって、「でもそれは〈君子は争う所なし〉だから、広い心で見てあげて、忘れようね」とアドバイスするのがいいでしょう。そのようにしてメンタルコンディションを保つやり方を教えるのです。

〈君子は争う所なし〉という言葉を知っているだけで、気分よくすごせます。自分の心がささくれないようにする〝お守り〟のようなものです。

「あなたは君子なんだから、そんなちっちゃいことで怒ったりしないわよね」と言われると、「あなたはいい子なんだから」と言われるより、もっとスケールが大きい感じがして、子どもも気分がいいはずです。**「あなたは〝君子〟なんだから」という隠れたメッセージをいつも与えつづけるようにして、子どものプライドをくすぐりましょう。**

「人の道ってなに？」と聞かれたら

5 真実の道が聞けたら、その日の晩に死んでもいい

原文 朝聞道、夕死可矣（里仁第四―8）

たけし「お母さん、どうして人をだましたり、うそをついちゃいけないの？」
母「それは人の道にはずれたことだからよ」
たけし「人の道ってなに？」
母「それはあなたが進むべき道のことよ。あなたはまだ見つけてい

ないかもしれないけれど、あなたが進むべき道は必ずあるの。それを探して歩くことが、生きるということなの。でもその道はダラダラと怠けていては見つからないのよ。孔子先生もこうおっしゃっているの。

朝《あした》に道《みち》を聞《き》きては、夕《ゆう》べに死《し》すとも可《か》なり

朝、生きるべき正しい真理の道が聞けたら、その晩死んでもかまわない。それくらい真剣に自分は大切な道を求めている、という意味よ。たけしも自分の道を探そうと思ったら、一生懸命にならないとね」

解説

〈朝に道を聞きては、夕べに死すとも可なり〉は短い言葉ですが、ひじょうにカッコいい言葉です。真実の道が聞けたら、その日の晩に死んでもいい。それくらいの気持ちで「道」を求めている、という孔子の強い決意が伝わってきます。

ここでいう「道」という言葉は抽象的ですが、この「道」という言葉がいつも心の中にあることで、自分が進んで行く未来がポジティブに見えてきます。「道」という言葉によって、未来が前向きに整ってくるわけです。

高村光太郎の『道程』という詩が、この「道」のイメージを端的にあらわしています。

「僕の前に道はない　僕の後ろに道は出来る」と詩に書かれた「道」は、まさに生きていくことそのもののイメージです。また画家の東山魁夷《ひがしやまかいい》さんも、ずっと長くつづく道を描きましたが、それもはるか先までつづく人生の道を象徴しています。

私は子どもにこの「道」という漢字を書かせたり、親が書いて見せて、イメージづけるようにしたらいいと思います。「道」と大きく墨で書いて、リビングに貼っておいてもいいでしょう。

そして事あるごとに、「この『道』ということが大事なんだよ」とか「それは人の道にはずれているでしょう」とか「自分の道を歩きなさい」と言ってきかせるのです。

「道」という言葉が小さいころから心にしみつくことで、未来への方向性が見えてきます。

徳川家康は〈人の一生は重荷を負うて遠き道をゆくがごとし〉という遺訓を残しています。このように「道」には歩いていくというイメージがあって、それと「やるべきこと」が重なってくるという、ひじょうに大切なワードです。

この大切な「道」という言葉を〈朝に道を聞きては、夕べに死すとも可なり〉という『論語』の孔子の言葉で覚えてもらい、「道」についてのイメージをかためてほしいと思います。

そして孔子くらいの真剣な気持ちで何かを求めると、いろいろなものが身につくのだということを、親子で話し合ってほしいのです。すると子ども自身も、「自分はこれができたら、もうその晩に死んでもいい」と思えるくらいの素晴らしいものを自分の中で求め、めぐりあうためにがんばろうとするでしょう。

前向きに生きるための強力なメッセージが、孔子のこの言葉には含まれています。

「新しい習い事を始めたい」と言いだしたとき

6 自分の生き方は「ひとつのこと」で貫かれている

原文 吾道一以貫之哉（里仁第四―15）

たけし「お母さん、僕、空手を習いたいんだ。ヒロシ君もこの間から道場に行ってるんだよ。みんな空手をやってるから、僕もやりたい」

母「でもたけしはサッカー教室にも通っているでしょ？　ふたつもできるの？」

たけし「それじゃ、サッカーはやめる。空手をやりたい！」

母

「そんなに簡単にサッカーをやめられるの？　サッカー教室に入るときは、あれほど入りたいって言っていたのに。ひとつのことをちゃんとつづけられない人が、新しいことをやっても、つづかないいんじゃないかしら。こういう言葉があるの。

吾《わ》が道《みち》は一《いっ》以《もっ》てこれを貫《つらぬ》く

私の道はひとつのことで貫かれている、という孔子先生の言葉よ。たけしは最初にサッカーをやるって決めたんだから、それを貫いてから、空手をやるかどうか考えてもいいんじゃない？それからでも遅くないとお母さんは思うわ」

解説

〈吾が道は一以てこれを貫く〉は語呂もいいし、標語にして貼っておくのもカッコいい言葉です。紙に書いて、家の中の目立つところにぜひ貼っておいてください。孔子は「私の人生はひとつのことで貫かれているのだ」と言っています。この場合の「ひとつのこと」とは「真心」です。

孔子はひじょうに博識で、多方面に通じた人でしたが、その孔子が「自分がやっていることはひとつなんだ」と言い切っているのです。

自分の生き方はひとつのことで貫かれているというこの言葉が実感できれば、ものすごく心の支えになるものではないでしょうか。この言葉ひとつで、人生でつらいことがあっても、支えられる気がします。

もし、子どもがいろいろ気が散って、あれもやりたい、これもやりたいと言いだしたら、〈吾が道は一以てこれを貫く〉と言ってがんばらせてみましょう。たとえばピアノを習っているとして、ピアノは一朝一夕ではうまく弾けるようになりません。そのため、たいていの子どもは嫌になって途中でやめたいと言いだします。でもそこでやめてしまうと、中途半端で終わってしまいます。

そんなときは〈一以てこれを貫く〉くらいの気持ちで、「この曲だけはぜったいにうまく弾けるまでがんばろうね」といった目標を定めるのです。そしてひとつのことが貫けると、そこできっかけをつかんで、ほかのこともできるようになります。がんばって貫いたという感覚が大切です。

貫くものは小さなことでもかまいません。とにかく**「これ」と決めたら、〈一以てこれを貫く〉気持ちで臨むことで、突き抜けていく感覚を身につけさせるのです。**過去、現在、未来の自分を貫いて、脈々とつづいている何かがあるという感覚が、自分を安定させます。

これを身体感覚的に言うと、前に進むときにおへその下から太い木の柱のようなものが、ドーンと向こうに突き抜けていって、それを貫いて、自分が進んでいくという感じです。私は武道を習っていたとき、そんなふうに前進しなさい、と先生から指導されました。そうやって進むと力強さが出てきます。

もちろん一生ひとつのことしかやるな、という意味ではありません。ある時期にはサッカーに夢中になって、それで貫かれているようなときもあって、それからしばらくして**興味が別のことに移っても、ひとつのことで貫いたという充実感を経験していればいいのではないかと思います。**

いちばんいけないのは、あれもこれもと中途半端にかじることです。ほかのことをやるにしても、ひとつのことをまっとうしてから移るようにしてください。

「どうして妹をかわいがらないといけないの？」と聞かれたとき

7 年上の人からは安心され、友人からは信頼され、年下の人からは慕われる

原文 老者安之、朋友信之、少者懐之（公冶長第五―26）

たけし「なんでお兄ちゃんだからって、弟をかわいがらなきゃいけないの？　マサキなんてちっともかわいくないよ。年が下だからって、マサキだけかわいがられるのは、ズルイよ」

母「でも人は自分より下の人や弱いものをいたわらないといけない

のよ。孔子先生もお弟子さんからどんな人になりたいのかと聞かれて、こんなふうに答えているの。

老者《ろうしゃ》はこれを安《やす》んじ、朋友《ほうゆう》はこれを信《しん》じ、少者《しょうしゃ》はこれを懐《なつ》けん

孔子先生は、年上の人からは安心される人に、友だちからは信頼される人に、自分より年下の人からは慕われるような人になることだ、と言っているの。この三つができるような人になれば、本当に立派な人間になれるわね。どこへ行っても、誰とでも、仲良くやっていけるわよ」

解説

この言葉は弟子の子路《しろ》（季路《きろ》）が孔子に「先生の志を教えてください」と

聞いて、孔子が答えたものです。かなり漠然とした質問ですが、孔子はやはり丁寧な教育者だったので、きちんと具体的に答えています。

子どももこのように漠然とした質問をしてくるものです。親は面倒くさがらずに、孔子の態度を見習って、丁寧に質問に答えてやるべきです。

「年配者からは安心され、友人からは信頼され、年下の人からは慕われる」というのは、努力すればできそうな気がします。でも私自身、三つともちゃんとできているかと言われると、ちょっと微妙です。

年配者から安心されないと、サラリーマンの場合は、仕事をまかせるのが不安なので、いい仕事が回ってきません。仕事の経験が積めないので、出世できないというわけです。

また友人から信頼されていないと、仲間に入れてもらえなくなります。自分の知らないところで「あいつは誘うのをやめよう」などと言われているのですが、本人だけが知らないことがよくあります。

年下から慕われないのもさびしいものです。人間的に狭量《きょうりょう》な感じがします。弟や妹をいじめたり、犬やネコをかわいがれない子どもに対しては「〈少者はこれを懐けん〉と孔子先生は言っているでしょう。**自分より小さいものから慕われるようにするのが大事なのよ**」と言いましょう。

いまはひとりっ子が多いのですが、自分より年下の子と遊んであげる経験も大事です。私の場合は小学校三年生のとき、六年生の先輩が私のことを妙にかわいがってくれて、一緒にキャッチボールをやってくれました。私のほうが全然下手なのに、その子がキャッチャー役になり、私にピッチャー役をやらせて、「スピードが出てきた」「その調子、その調子」と励ましてくれたことがうれしくて、いまでも覚えているくらいです。

また私の子どもがまだ小さいころ、同じマンションに三、四歳年上の男の子がいました。彼は小さい子がしょんぼりしているのを見ると、「いいか、楽しいことだけ思い出すんだよ」とアドバイスしていました。なかなかできた子どもです。これなども〈少者はこれを懐けん〉が実践できている例です。

小さい子をかわいがっても、自分にそれほど得があるわけではありません。むしろ面倒くさいことです。でもそういうことをして「お兄ちゃん」「お姉ちゃん」と慕われる人間になっていくのは、一見、損をしているようですが、生き方としては正しいのだ、ということを、孔子の言葉を通して教えていってほしいと思います。

ちょうどいいバランスの大切さを教える

8 やりすぎちゃいけない

原文　過猶不及也（先進第十一―16）

たけし「お母さん、僕、今日、公園でサッカーのリフティングを三時間もやってたんだよ。すごいでしょ？」

母「そんなにやったの。すごいわね。でもあんまりやりすぎると、足が痛くなっちゃうわよ。もうすぐ試合なのに、足が痛いと出られなくなっちゃうでしょ？　どんなことも、やりすぎはよくないの。たけしはこんな言葉を聞いたことがある？

過《す》ぎたるは猶《な》お及《およ》ばざるがごとし

やりすぎちゃうと、足りないのと同じくらいよくないよ、という意味なの。練習をやるのは大切だけど、やりすぎて体をこわしちゃったら、元も子もないでしょ？　何事もバランスが大切よね」

解説

〈過ぎたるは猶お及ばざるがごとし〉は、もうことわざになってしまっているほど有名な言葉です。私もどちらかというと〈過ぎたる〉になりがちなので、この言葉を肝に銘じています。

この間も、久しぶりにスポーツジムに行ったのですが、つい運動をやりすぎてしまいました。忙しくて二週間くらいジムに行けなかったので、その分の運動不足を取り戻そうとして、ものすごくトレーニングをしてしまったのです。そのあと体が痛くて痛くて、しばらく筋肉痛でジムに行けませんでした。ふたたび元の運動不足に戻ってしまったわけです。これなどまさしく〈過ぎたるは猶お及ばざるがごとし〉の例です。

いきなり一五〇キロのバーベルを持ち上げるのではなく、七〇キロくらいから始めて、毎日二キロくらいずつ増やしていくほうが、筋肉痛にもならないし、運動不足も解消できます。いっぺんにやりすぎると、何もやらなかったより、もっと悪い状態になることさえあると心しておかなければいけません。

孔子は〈中庸《ちゅうよう》の徳〉を重んじていて、極端なことを嫌いました。物事にはちょうどいいバランスのポイントがあるはずで、そこをめざすべきだというのです。**子どもにはすべてのことには「ベストな中間」がある、と教えるとわかりやすいと思います。**

この言葉はいろいろな場面で使えます。たとえば歯磨き粉をバーッと出しすぎてしまったときに「過ぎたるは猶お及ばざるがごとしだね」と言ってもいいし、スーパーで食べられもしないのに、お菓子をたくさん買おうとしているときなどにも使えます。

私は胃が小さいくせに食べたがりなので、外食するとよくこの〈過ぎたる〉をやってしまいます。ついあれも、これもと注文してしまい、あとで困ってしまいます。

とにかく極端はいけないということです。知り合いで子どもにテレビをまったく見せない家庭がありました。もちろんテレビを見すぎるのはよくありませんが、まったく見せないのも世の中のことがわからなくなるので、どうかなと思います。

ちょうどいいバランスで見せるとすると、一日三十分から一時間ぐらいが適当かと思います。そういう話も孔子の**この〈過ぎたるは猶お及ばざるがごとし〉を例に出して、子どもと話し合いながら決めるといい**のではないでしょうか。

なお、子どもの場合、何かに夢中になって没入していることがあります。ダラダラつづけるのではなく、その一点に集中して無我夢中で没頭しているときは、それはいいことですので、そのままやらせておけばいいと思います。時間の感覚もなくなるくらい没入する経験があると、大人になってそれが集中力として生きてきます。

ただ、あまりやりすぎて心身にダメージがあらわれるような場合だけ、大人がストップをかけてあげればいいでしょう。

子どもが皮肉な態度をとるようになったとき

9 まっすぐに生きなければだめだ

原文 人之生也直（雍也第六―19）

たけし「お母さん、世の中って、最後はお金がある人が得をするんだよね。一生懸命勉強したって、どうせ僕なんか、いつまでたっても偉くなれないよ」

母「どうしたの？　急にそんなこと言いだして。なぜそう思うの？」

たけし「だって、総理大臣とか偉い人は、みんな大金もちの家の子ばっかだよ。ふつうのうちの子はいくらがんばっても、博士にも総

母　理大臣にもなれないんだから、これからは適当にやることにしたよ」

「最初からあきらめてしまったら、どんな夢もかなわないわよ。そういう皮肉な態度をとっていると、自分がどんどん弱くなっていくだけなの。孔子先生はこう言っているの。

人《ひと》の生《い》くるは直《なお》し

人はまっすぐに生きるのが大切だ、という意味よ。ゆがんで生きている人もいるけれど、それはたまたま、まぐれでうまくいっているだけ。世の中でいい仕事をしている人は、みんなまっすぐな素直さがあるのよ。だからたけしもやりたいことがあるなら、もっと素直に、真正面から夢に向かっていってごらんなさい」

解説

〈人の生くるは直し〉は直訳すると、人が生きているのは、まっすぐだから だ、となります。この言葉につづけて〈これを罔《し》いて生くるは、幸《さいわい》にして免《まぬが》るるなり〉、つまり、まっすぐ生きずにゆがめて生きているのは、まぐれで 助かっているだけだ、という意味になります。

人はまっすぐに生きなければだめだ、と孔子は言います。パナソニックを つくった松下幸之助さんも「素直な心は人を強く正しく聡明にする」と語っ ており、「素直な心のなかにこそ真実をつかむ偉大な力がある」と言ってい ます。

たしかに、世の中に影響を与えるような立派な人や大きな功績を残す人 は、意外とシンプルで素直な人が多いように思います。

ノーベル化学賞をとった田中耕一さんは素直でまっすぐな方です。なぜ自 分が化学をやっているのかというと、子どものころから理科の実験が大好きで、それが大人になってからもずっとつづいているのだ、と語っています。**面白いからやっているという、その素直な感覚を、ほとんどの人は大人になると忘れてしまいます。**でもその世界でトップをとるような人は、素直に面白くてやっているのです。同じくノーベル物理学賞をとった益川敏英さんも、「趣味はなんですか？」と聞かれて、「数学の本を読むことです」と答えています。

将棋の永世名人羽生善治さんも、趣味でチェスをやっていますし、私が聞いた話ではある有名な歌手の方が、コンサートが終わってから、また歌を歌いにカラオケに行くそうです。こんなふうに素直に面白いと思い、それに対してまっすぐにシンプルに向かっていく気持ちを大切にしたいものです。

ですから、子どもが妙に皮肉な感じになってしまったときは、「そういう態度は物事から逃げているだけで、本当はとても弱いことだよ。それではライバルと闘えずに負けてしまうから、**素直に真正面から、これが好きだというものに向かっていって、ガツンとやってごらんなさい。**そうすれば、たとえいちばんになれなくても、素晴らしいものを得ることができるんだよ」と教えてあげましょう。

素直でいたほうが何もやらずにふてくされているより、ずっと幸せになれるのです。

「自分にはできっこない」と言いわけをしたら

10 頭がいい人は迷わない、立派な人は心配しない、勇気がある人は恐れない

原文 知者不惑、仁者不憂、勇者不懼（子罕第九―30）

はるか「お母さん、私、こんどの作文発表会でクラス代表に選ばれちゃったの。でも全校の人たちが集まる前で、ちゃんと作文なんて読めないよ。失敗したらどうしよう」

母「大丈夫、はるかならできるわ」

はるか「無理だよ〜。私、できない」

母「できる！　大丈夫！　自分に『できる、できる』と言っていれば、できるようになるわ。大きな試合や大会に出る人はみんなそうしているのよ。はるかはこんな言葉を知っているかしら？

知者《ちしゃ》は惑《まど》わず、仁者《じんしゃ》は憂《うれ》えず、
勇者《ゆうしゃ》は懼《おそ》れず

頭がちゃんと働く人は迷わないし、立派な人は心配しないし、勇気がある人は恐れない、という意味よ。とくに大切なのは〈勇者は懼れず〉というところ。不安があると、よけいにこわくなって、できることもできなくなっちゃうから、自分はできるんだって思って臨むことが大切ね」

解説

子どもには〈勇者は懼れず〉がわかりやすいのですが、〈知者は惑わず、仁者は憂えず〉もセットでおぼえると、大人になってからも自分自身を支える言葉として、さまざまな場面で生きてきます。

まず〈知者は惑わず〉ですが、これは本当に頭がいいとはどういうことかを教えています。「惑わない」とは、優先順位がわかっていることをあらわしています。頭がいい人は物事の先が見えているので、最優先するのはこれ、重要なのはこれ、というように整理して考えることができます。

この能力を身につけるには、三色ボールペンを活用するといいと思います。**最重要なことは赤、次に重要なことは青、それほど重要ではないが面白いこと、心ひかれたことは緑で線をひくクセをつけると、いろいろなことが整理できて、迷わなくなります。**

〈仁者は憂えず〉は、ひじょうに深い言葉です。この言葉のポイントは、考えてもしかたのない心配事は考えるな、ということです。物事をごちゃごちゃにしないで、心を整理して、嫌なことはいつまでもグズグズ考えないコツを教えています。

〈勇者は懼れず〉も大切な言葉です。恐れが最初にあると、ビビってしまって萎縮《いしゅく》するので、実力が発揮できません。ですから目の前に困難なことがあっても、やる前から恐れていてはいけないのです。

何を見ても、「大丈夫！」「Yes, I can.」の精神です。

数学者の藤原正彦さんがおっしゃっていたことですが、世界でも著名な数学者は、みな難しい問題を解くときは、「It's so easy.（こんなのカンタンさ）」と言いながらやるそうです。実際に解けないこともありますが、それでも「It's so easy.」と言ってやったほうが、成績はいいようです。似た言葉に、

君子《くんし》は憂《うれ》えず、懼《おそ》れず（「君子不憂不懼」顔淵第十二―4）

があります。心配したり、不安がっていると、憂鬱な感じになってきます。それが心のクセになると、人生も暗くなってきます。

ですから自分の心を整える技術を身につけるのは、人生においてとても大切なことです。くよくよしたり、心配ばかりしている子には**「心配してもしょうがないことは、もう心配するのはやめよう」と親が何回も言ってあげましょう。**

「生きているのがつらいから、死にたい」と言われたとき

11 この人のために泣かずに、いったい誰のために泣くのか

原文 非夫人之為慟、而誰為慟（先進第十一―10）

はるか「お母さん、はるか、もう死にたい。今日、学校で友だちとケンカしたの。はるか、悪くないのに、みんながはるかのこと、悪いって言うんだよ」

母「そんなことがあったの。何があったか、お母さんに話してみてね。それから、お友だちとケンカしたぐらいで、『死にたい』なんて言っちゃいけないのよ。孔子先生も、ものすごく悲しい

ことがあったけど、『死にたい』なんて、けっしておっしゃらなかったわ。先生は自分のいちばんのお弟子さんを若くして亡くして、みんなの前でおいおい泣いたことがあったの。あんなに偉い人なのに人目もはばからず、天をあおいで、泣きながらこう言ったの。

夫《か》の人《ひと》の為《た》めに慟《どう》するに非《あら》ずして、誰《た》が為《た》めにかせん

と言ってね。この人のために泣くのでなければ、いったい誰のために泣くのだ、というくらい悲しかったのよ。それでも孔子先生はそのあともずっと生きつづけて、自分の教えを広めたの。お友だちとケンカしたくらいで『死にたい』なんて言うのは恥ずかしいわね」

解説

孔子には「孔門十哲《こうもんじってつ》」といわれる優れた弟子たちがいました。その中でも抜きんでていたのが、顔淵《がんえん》（顔回《がんかい》）です。顔淵が亡くなったとき、孔子は〈**天予《てんわ》れを喪《ほろ》ぼせり**（「天喪予」先進第十一―9）〉という有名な言葉を残し、身もだえするほど悲しんだ、と言われています。

おそらく孔子は自分の教えが、顔淵によってこの先もずっとつづいていくことを夢見ていたのでしょう。その望みが絶たれたとき、うちのめされて、身もだえして慟哭《どうこく》しました。この表現は、孔子の人間的な側面をあらわしています。

貧しい家に生まれた孔子は、早くに両親を亡くし、学問ひとつで身をたてなければなりませんでした。周公を理想の人物と仰いで、学問に励みました。しかし、中国各地の諸侯を訪ね歩いて就職活動をするものの、仕官もままならず、ようやく安定した地位を得たのは五十歳をすぎてからだった、と言われています。

しかしそれもわずかな年月しかつづかず、孔子は国を追われて、再び長い放浪の旅に出ます。そうした苦しい人生の中で、顔淵が希望の星だったろうと思うと、弟子を亡くした孔子の悲しみと絶望がどれほどのものだったのか、想像を絶します。

この苦しみを子どもに伝えるのは難しいかもしれませんが、少なくとも孔子のように心が安定して、少々のことに動じない大人物が、おいおいと声をあげて泣くくらいうちのめされる悲しい出来事にあっても、それでも「死にたい」とは言わずに、生きつづけたということが、教えになります。

「孔子先生にもこんなつらいことがあったけど、がんばって生きたのに、あなたがそんなちっちゃなことで『死にたい』なんて言うのはおかしいわね」と言えば、自分の悲しみも小さく見えます。

生きていくのは、楽しいことばかりではありません。孔子のような偉大な人物でも、ときには地面につっぷして泣き叫ぶくらい悲しいこともある。それでもつらさを踏み越えて前へ進んでいかなければいけない。それが生きるということだ、と教えるときに、孔子のこのエピソードを教えるのはいいと思います。

占いや霊、前世などを信じはじめたら

12 生きることもわからないのに、死んだあとのことなんてわかるはずない

原文 未知生、焉知死（先進第十一―12）

はるか「お母さん、霊ってほんとうにいるの？ 前世ってあるのかな。テレビであるって言ってたよ。はるかがこの間、怪我をしたのも、霊のせい？」

母「そんなことはないのよ。死んでから生き返った人はいないでし

ょう？　だから、死んでからのことは誰にもわからないの。前世とか霊がわかるっていう人がいるけど、孔子先生が聞いたら、きっと『おかしい』っておっしゃると思うわ。先生はこう言っているの。

未《いま》だ生《せい》を知《し》らず、焉《いずく》んぞ死《し》を知《し》らん

自分はまだ生きるということについても、よくわからないのに、どうして死について知ることができるだろう、という意味よ。亡くなった人に手を合わせたり、神様を尊敬する心は大切だけど、霊や前世が見えるっていう人の話を簡単に信じちゃいけないわね」

解説

〈未だ生を知らず、焉んぞ死を知らん〉は孔子が弟子の季路《きろ》（子路《しろ》）に教えた言葉です。季路はこう聞いています。「先生は神霊に仕えることをどう思いますか？」。孔子は答えます。「人に仕えることもできないのに、どうして神霊に仕えられるだろうか」。つづけて季路が「死についておたずねします」と聞くと、孔子は〈未だ生を知らず、焉んぞ死を知らん〉と答えたわけです。

孔子ほどの人物であれば、死についてはもちろん、死んだあとのことについても、それらしいことが言えたと思います。ましてや孔子が生きていた紀元前五〇〇年の世界であれば、霊魂や死後の世界についてもいろいろ信じられていたでしょう。孔子が言えば、みな信じたと思います。

でも孔子は自分が知っていることと、知らないことの境界線をはっきりさせる人でした。わかっていることはわかっている、知らないことは知らないとはっきり線引きをしたわけです。孔子は次のようにも言っています。

これを知《し》るをこれを知《し》ると為《な》し、知《し》らざるを知《し》らずと為《な》せ（為政第二―17）

この言葉は本書の一二ページでもとりあげています。このように孔子はいい加減なことやあやふやなことを決して言いませんでした。

「自分の人生のこともわからないのに、どうして前世のことや死んだあとのことがわかるのか」という孔子の答えは説得力があります。そんなあいまいなことにだまされて、あやしげな宗教や占いにふりまわされてはいけないのです。

かといって、孔子が人知を超えた神の存在や死んだ人の魂をないがしろにしていたわけではありません。孔子自身も生活の中で人の魂や神にお祈りしたり、お祠《まつ》りする行為は大切にしていました。

でもそれは死後の世界や前世を信じているというよりは、亡くなった人や神に対して祈る自分の心持ちや姿勢を大切にする、ということでした。要するに気持ちの問題です。

人知を超えた存在を設定して、自分の傲慢《ごうまん》さやおごりを戒めるのはいいと

けがわからないものにからめとられて、「壺を買わなければ死ぬ」とか「先祖の霊がたたっているから墓石を買え」という話になっていって、だまされてしまいます。

　いまから二五〇〇年も前に孔子は、わかることとわからないことの間に、しっかりと線引きをしています。二十一世紀に生きている私たちも、もう少し冷静にならなければいけません。

「どうして自分は認めてもらえないの？」と落ち込んでいたら

13 人に認められるだけのことをする

原文 不患莫己知、求為可知也（里仁第四―14）

たけし「お母さん、くやしい！　サッカーチームで、僕、レギュラーになれなかったんだよ。ヒロシ君は選ばれたのに、どうして僕が選ばれないの？　あいつより僕のほうがぜったいうまいのに」

母「そうだったの。でもそこでふてくされちゃだめよ。人生にはそういうことがいっぱいあるの。大切なのは、自分が認められなかったとき、どういう態度をとるかなの。

己《おの》れを知《し》ること莫《な》きを患《うれ》えず、知《し》らるべきことを為《な》すを求《もと》む

って孔子先生もおっしゃっているわ。自分を認めてくれる人がいないことを気にかけないで、人から認められるだけのことをしよう、という意味よ。人が自分を評価しなくても、くじけないでいることが大事なの。そうすれば、ぜったい誰かが認めてくれるようになるわ」

解説

人生には我慢しなければならないときが必ずあります。がんばって何かをやってもすぐに評価されるのはまれ。ほとんどのことは人から認められずにいると思ったほうがいいでしょう。他人は自分が思うほどには自分のことを

見ていてくれません。なぜならみんな、自分中心で生きているのですから。

その証拠に、自分だって、自分ほどには他人のことを見ていないではありませんか。ですから人から評価されないことなど、人生においてよくあることと、と思わなければなりません。そういうときにくじけてしまうか、そうでないかが重要です。

たとえばスポーツで全日本のチームを構成するとき、当然ですが、監督は、補欠も含めて試合に出るよりたくさんの人数を集めます。つまりベンチに座っている人数がかなりの数いるわけです。そのとき、ちゃんと声を出して応援しているかどうかを、監督やコーチは見ているそうです。控えの選手なのに、レギュラーの人以上に気合をこめて、張り切って応援しているか。ふてくされて、あまり応援していない人は次から呼ばないそうです。

たしかにサッカーのカズ（三浦知良選手）やゴン（中山雅史選手）はベンチにいても、すごい勢いで応援します。彼らがいるだけでチームが熱くなる。だから年齢は重ねていても、雰囲気を盛り上げるためにつれていくそうです。反対に技術はあるのですが、レギュラーになれないとふてくされる選手もいて、そういう人はやがて第一線から消えていきます。

自分が評価されていないとき、そういうときにこそしっかりした態度で、がんばっていると、それがいざというとき、役に立つということです。孔子の言葉で似たようなものに、

人《ひと》の己《おの》れを知《し》らざることを患《うれ》えず、人《ひと》を知《し》らざることを患《うれ》う（「**不患人之不己知、患己不知人也**」**学而第一—16**）

があります。人が自分を知ってくれないことを気にかけないで、自分が人を知らないことのほうを気にかけなさい、という意味です。子どもはどうしても「自分が、自分が」と自己中心的な発想をしがちです。

それが友だちに嫌われたり、空気が読めずにチャンスを逃すことにもつながりかねません。「**あなたは人が自分のことをわかってくれないと言うけれど、あなたはどれだけ人のことがわかっているの?**」と聞き返して、人への理解をうながすようにしましょう。

「試験になると頭がまっ白になっちゃう」と言われたとき

14 人間ができていないとパニックになる

原文 小人窮斯濫矣（衛霊公第十五—2）

はるか「お母さん、私、この間、模擬テストを受けたとき、算数の最初の問題がわからなくて、もう頭がまっ白になっちゃったの。それで焦っちゃって、あとの問題もぜんぜんできなかったんだよ。本番のとき、そうなったらどうしよう？」

母「それはきっとはるかがパニックになっちゃったからなのね。孔子先生はそういう人のことを『小人』とよんでいるのよ。

小人《しょうじん》窮《きゅう》すれば斯《ここ》に濫《みだ》る

ってね。人間ができていない人は困ったことが起きると、もうめちゃくちゃでパニックになってしまうという意味よ。はるかは本番前にそういう経験ができたから、よかったわね。パニックになりそうになったら、深呼吸して『落ちついて』って自分に言うのよ。そうすれば大丈夫よ。一度経験している人は、ちゃんと対策がとれるから、はるかはもう安心ね」

解説

〈小人窮すれば斯に濫る〉の言葉の前には〈君子固《もと》より窮す〉が入ります。つまり君子でさえ、困ることはあるのに、小人の場合は困ると、めちゃくちゃになるよ、とつづくわけです。ほとんどの人は君子ではないので、パニックになることがあります。

以前、雑誌で興味深い記事を読みました。劇作家の野田秀樹さんが、海でおぼれかけた話です。野田さんが沖縄に行ったときのこと、あまりに海がきれいだったので、かなり沖のほうまで泳いでしまったそうです。

ふと気づくと、自分の足の下が底知れない深さになっていました。野田さんはあわてて岸に戻ろうとしたのですが、潮の流れが逆で、いくら泳いでも岸に戻れません。そうこうするうち、どんどん沖に流されてしまいました。

野田さんはそのときものすごいパニックに襲われたそうです。でも自分に「落ちつけ、落ちつけ。よく考えろ」と言い聞かせました。こういうとき、たいていの人はパニックになって、むやみに岸に向かって泳ごうとして力つきてしまうか、絶望して沈んでいってしまうそうです。

でも野田さんはパニックになりながらも自分を落ちつかせて、周りを観察しました。するとはるかかなたに岬が見えました。かなり遠いのですが、全力で潮の流れに逆らって岸に向かうより、うまく潮流にのって岬まで泳いだ

ほうがいいかもしれない、と野田さんは思いました。そして岬をめざして泳いで、何とかたどりついたという話です。

もしそのとき野田さんがパニックになって、むやみに岸に向かって泳いでいたら、日本は素晴らしい才能を失っていたかもしれません。落ちつくことが大切です。

私は大学で入学試験の採点をするのですが、ときどきあるのは白紙に近い答案です。「わかんない！　わかんない！」とパニックになって、何も書かずに出してしまったのでしょう。もしそこでひと呼吸して落ちついて、とにかく解答欄を埋めていけば、何点か取れたかもしれません。

親は子どもがパニックになったら、「とにかく落ちつけ」と教えることです。**息を大きく吸って、止めて、吐いてを二、三度くり返す。そして「落ちついて考えろ。状況を考えろ。対策は何か？　生き残る道はあるか？」と考えることを、ふだんから親が教えておいてほしいと思います。**

そのためにも、むしろパニックになる経験はあったほうがいいと思います。たとえばピアノの発表会で演奏を間違ってしまうとか、野球の試合でエラーをしてしまうという経験をして、そのときに「落ちつけ、考えろ」という言葉がしみていると、一度ミスをしても、その次はパニックにならずに乗り越えることができるのではないでしょうか。

子どもに人生の意味を教える

15 十五歳になったら学問を志す

原文 吾十有五而志乎学、三十而立、四十而不惑、五十而知天命、六十而耳順、七十而従心所欲、不踰矩（為政第二―4）

たけし「大人になったら、僕はどうなるんだろう？　人生ってなに？
僕は幸せになれるのかなあ」

母「それは孔子先生がちゃんと教えてくれているわ。

吾《わ》れ十《じゅう》有《ゆう》五《ご》にして学《がく》に志《こころざ》す。三十《さんじゅう》にして立《た》つ。四十《しじゅう》にして惑《まど》わず。五十《ごじゅう》にして天命《てんめい》を知《し》る。六十《ろくじゅう》にして耳《みみ》順《した》がう。七十《しちじゅう》にして心《こころ》の欲《ほっ》する所《ところ》に従《したが》って、矩《のり》を踰《こ》えず

十五歳で学問を志し、三十歳で独立して、四十になったらあれこれ迷わず、五十になったら自分の使命を知り、六十になったら、人の言うことが素直に聞けるようになる、七十になると思うままにふるまって、それで道をはずれないようになった、と言っているの。たけしも十五歳になったら、自分のために一生懸命、勉強するのよ。そして立派な大人になってね」

解説

昔の日本人はみなこの言葉を知っていました。ですから昔の子どもは、十五歳のときには、学問を志さなければいけないと思っていたのです。十五歳というと、ちょうど高校受験のときです。このころは思春期まっさかりなので、人生に思い悩む時期です。そのとき、〈学に志す〉という言葉がひじょうに重要な意味を持ってくるのです。

いまは「志」という言葉の意味が薄れかけています。でも、日本では昔から「志」という言葉がエネルギーを持っていました。この言葉によって、人々はみなやる気をわきたたせていたのですが、その源はどこかというと、『論語』の〈学に志す〉にあったのです。

勉強というと、何か強制的にやらされるもの、という感じがします。でも**〈学に志す〉という言葉があると、勉強が自律的でポジティブなイメージになる**ので、前向きに取り組もうという気になります。

小さい子どもには〈吾れ十有五にして学に志す〉だけでもふだんから言わ

せておくといいでしょう。暗唱させていると、「〈学に志す〉は何だろう?」と言葉が印象に残ります。すると十五歳になる以前の中学受験のときでも、「なぜ自分は受験するのか」という根底のところで、親に言われて嫌々やっているのではなく、自分のためにやっているのだというイメージまで行き着けると思います。

勉強は親のためではなく、自分のためにするものです。それも勉強は自分が楽しいからするのであって、しかも世のため、人のためになるからがんばれるのです。そこに「志」という言葉が生きてきます。〈十有五にして学に志す〉という言葉が心の中に根を張って、その後、幹がどんどん大きくなり、そして人生の節目節目を意識しながら、最後は実をつけていくというイメージです。

そのイメージを持って生きていけば、人生を大きく踏み外すことはありません。〈三十にして立つ〉のであれば、いつまでもフリーターをやっていられませんし、四十歳になったら、〈惑わない〉人間になっていなければなりません。人生の指針を示す言葉として、孔子のこの言葉はひじょうに的確で素晴らしいものです。小さいうちから暗唱して、心に刻みつけておく宝物のような言葉だと思います。

コラム

信《しん》なくんば立《た》たず

原文 無信不立（顔淵第十二—7）

この言葉は私の父が何か言葉を求められると、必ず書いていたものなので、私も強く印象に残っています。

もともとの意味は、民衆は信頼がなければ安定しない、というものですが、〈信なくんば立たず〉だけを取り出せば、人は自分の中に確信がなければ自力で立っていられないという意味にとっていいと思います。

私はたくさんの大学生を見ていますが、「信」がないとせっかくの才能が生きません。自分を信じて、相手に対しても「できます、やります」と前向きな言葉が出る人が、社会に出てからも活躍できます。子どもも同じです。「何としてもこの中学に入りたい。入れる」という思いのほうが大切ですから、子どもがやる気になっているのなら、「入れると思ってやってみようね」と、自信を先行させてがんばらせるのがいいと思います。

〈信なくんば立たず〉と短冊に書いて、目立つところに貼っておくのもいいでしょう。「信」という字がしみこんで、子どもながらに、自分の足でしっかり立つ強い気持ちが必要なんだ、というイメージが固まります。

第2章

「学ぶ」幸せを実感する

「どうして宿題をするの？」と聞かれたとき

16 間違えたところができるようになるとうれしい

原文 学而時習之、不亦説乎（学而第一—1）

たけし「お母さん、四年生になると急に宿題が増えちゃって、いやになっちゃうな。ねえ、どうして宿題をしなくちゃいけないの？」

母「そうね。お母さんもあなたぐらいのときにそう思ったわ。でもね、あるとき気づいたの。書けなかった漢字を宿題で覚えて、次の日には書けたの。くりかえしおさらいしていると、必ず身につくんだなって、うれしかったわ」

たけし「あっ、僕も本読みを三度やった次の日に、授業でスラスラ読めて、先生にほめられたことがある」

母「ね、それって楽しいことでしょ。孔子先生もこう言っているわ。

学《まな》びて時《とき》にこれを習《なら》う、亦《ま》た説《よろこ》ばしからずや

学んで、適当な時期におさらいするのはとてもうれしいことだ、という意味よ。復習してできないところが見つかるとうれしいし、それを覚えて身につくと楽しいわよね」

解説

〈学びて時にこれを習う、亦た説ばしからずや〉は『論語』の冒頭に来るとても有名な言葉です。〈朋《とも》あり、遠方より来たる、亦《ま》た楽しからずや〉（一七九ページ）がそのあとにつづく言葉で、ともに孔子が人生において楽しいと思うことのひとつとしてあげられています。

ここで大切なのは、「学ぶ」ことが人生における幸せである、ということです。**知らないことを知ったり、わからないことがわかるようになるのは、本来とても幸福なことです。**人間はそのために生きていると言ってもいいでしょう。

子どもが「なぜ？」「どうして？」と大人を質問ぜめにするのも、人間の学びたい本能のあらわれです。孔子はその欲求に素直に従った人でした。自分が学んでいるときも楽しいし、それを忘れないようにもう一度くり返してみるのも楽しい。

ですから子どもに勉強させるときも、学ぶ楽しさを経験させるようにしましょう。たとえば一回問題集をやらせたとして、ふつう子どもはそれで満足してしまうのですが、それでは学ぶ本当の楽しさがわかりません。

必ず答え合わせをして、間違った問題に丸をつけ、一、二週間おいたあと、もう一度やってみます。すると身についていないことがあります。そのとき孔子なら、「身についていないことがわかって、よかった」と思います。凡人は間違っているのを知るのが嫌なので、答え合わせをしたくありません。ましてや間違った問題だけやるのは気が重くなるので、避けて通ります。だから何度も同じ過ちを繰り返すのです。でも孔子はその逆で、復習して身についていないことを発見すると、「ああ、これは本当にうれしい」と思うわけです。〈説《よろこ》ばしからずや〉は「いかにもうれしいね」という意味です。復習して間違えたところが見つかって、それができるようになることがうれしいと思う、その「心の回路」をつくることが大事です。

やりっぱなしで、復習しない子には、〈学びて時にこれを習う、亦た説ばしからずや〉を親子で復唱しましょう。何度も復唱していれば、〈学びて時にこれを習う〉という言葉が頭に残ります。するとやりっぱなしがなくなります。

ここでねらっているのは〝言葉のワザ化〟です。言葉で心の技をつくり、学ぶことと同じくらい、復習も楽しいというメンタリティを早くからつくっておきましょう。

「なぜ昔のことを勉強するの？」と聞かれたら

17 古いことを知らないと、新しいことがわからない

原文 温故而知新、可以為師矣（為政第二—11）

たけし「どうして昔のことを勉強するの？　昔あったことなんて、もうすんじゃったことなんだから、どうでもいいじゃん」

母「そうね。でも昔のことをちゃんと勉強するから、新しいことがわかるようになるのよ」

たけし「ふーん」

母「たとえば、いままで大勢の日本人の科学者がノーベル賞をとっ

てきたんだけど、どうしてとれたかわかる？」

たけし「ううん」

母「それはね、みんな一生懸命勉強したからなの。昔の人が言ったことや、やったことをちゃんと勉強して身につけたから、新しい発見ができたの。孔子先生のとても有名な言葉があるの。

故《ふる》きを温《あたた》めて新《あたら》しきを知《し》る、以《もっ》て師《し》と為《な》るべし

古いことをよく知って、さらに新しいことを知りなさい。そうすれば、人の先生になれる、ということよ。博士たちは古いことと新しいこと、両方を知っていたの。だから世界的な科学者になれたのよ」

解説

ここで大切なのは、**「古いことを知らないと、新しいことがわからないんだよ」**ということです。勉強は昔から人が積み上げてきた知恵や知識を学ぶことです。昔のことでいまに残っているものは、時代を超えた価値があるからこそ残っているわけです。

私たちはその叡知の上にスタートが切れる。だから新しい領域に踏み出していけます。古いことを知らなければ、何をテーマに研究したらいいかわかりません。進歩はみな古きをたずねることから始まっていることを、小さいころから教えておきましょう。

たとえばいまは当たり前のように電球があって、夜でも明るく照らしてくれます。それはエジソンが短寿命だった白熱電球をもっと長時間もつ実用的なものに改良できないかと考えて、フィラメントに竹を使うことを思いついたからです。古きをたずねるとは、エジソンたちが研究した電灯について学ぶことです。

そこから電灯の文明がスタートして、いまは発光ダイオード、つまりLEDの時代になりました。青色LEDを発明した中村修二さんは世界的な科学者として尊敬を集めています。昔は青い光はなかったのに、中村さんのおかげで、世界中が青白い光であふれるようになりました。新しい発明で、世界中がガラリと変わってしまうことを教えてあげましょう。

同じような孔子の言葉に、**述《の》べて作《つく》らず、信《しん》じて古《いにしえ》を好《この》む**（「述而不作、信而好古」述而第七―1）というものがあります。自分は古いことをちゃんとわかっていて、それをもう一回言っているだけだ。あえて自分で新しいことを創っているのではない、と言っています。孔子は『論語』に描かれているようにあんなにもすごい思想の持ち主なのに、自分が創ったものはない、と言い切っています。

つまり**古いことをよく勉強し、リスペクト（尊敬）して自分のものにすれば、ゼロからオリジナルなものを創りだすより、もっとすごいものができる**というわけです。このへんが誤解の多いところで、いまは個性や創造性ばかりが追求されますが、何もないところで自分を表現しようとしても、その人のレベルの低さがそのまま出てしまうだけです。

そうではなくて、過去のすごいものをリスペクトして模倣し、自分のものとしてとりいれる。本当にすごい人はそうやって勉強しているということです。

「ちゃんと勉強しているよ」と言いながら、集中していないとき

18 学ぶことと考えることは表裏一体

原文 学而不思則罔、思而不学則殆（為政第二―15）

母　「たけし、問題集、ちゃんとやってる？　さっきからぜんぜん進んでないみたいだけど」

たけし「僕、ちゃんとやってるよ」

母　「ちゃんとやってるのね。偉いわね。じゃあ、いま、何を考えてるか、お母さんに教えてくれる？」

たけし「何って、何にも考えてないよ。だって勉強してるんだもん」

母　「お勉強しているときは、自分で考えないと勉強したことが身につかないのよ。孔子先生も言っているわ。

学《まな》んで思《おも》わざれば則《すなわ》ち罔《くら》し。思《おも》うて学《まな》ばざれば則《すなわ》ち殆《あや》うし

学んでも考えなければ、物事がぼおっとしてはっきりしないし、考えているけれど、学ばないと、ひとりよがりになって危なっかしいという意味よ。何かを身につけようと思ったら、学ぶことと、考えることの両方が必要なのよ」

解説

学ぶことと考えることは表裏一体。孔子は紀元前五〇〇年ごろ、すでにこのことを言い切っています。まったくたいした思想家だと思います。

勉強でもスポーツでも習い事でもそうですが、一生懸命やっていても思うように伸びない子がいます。これは頭が働いていないからです。**親は子どもが勉強机の前にはりついていると安心しますが、頭がぼおっとして動いていないことがあるので、注意してください。**

たとえば問題集をやって間違えても、そのまま放置していたり、ひどい場合は答え合わせさえしません。これではまったく勉強したことにはなりません。なぜ間違えたのか、この間違いを減らすにはどうしたらいいのか、自分で考えなければ間違いは減らないので、伸びていきません。

ですから子どもが間違えたときは、なぜ間違えたのか赤や緑の色で書き込ませるといいでしょう。「ここは○○の間違い」と目立つように書いておけば、考えるようになります。子どもが書き込みを面倒くさがるようなら、親が聞けばいいのです。「いま、何を考えてやっているの?」「この計算を速くやるにはどうしたらいい?」「この漢字はどうしたら覚えられると思う?」。

「何も考えていない」とすればおかしいわけで、とにかくいつも、**ものを考**

えるという作業を洋服の裏地のようにはりつけて、同時に行なうクセを習慣づけていくことが大事です。

考えない子どもは〝伸び〟がありません。頭はいいのですが、頭でちゃんと考えなかったり、勉強しない子がよくいます。そういう子は小学校時代は光ってみえますが、中学に入り勉強の質が変わると、急に伸びなくなります。

中学の勉強は英語にしろ数学にしろ、階段を一段ずつ登っていくように積み上げていくものなので、ｂｅ動詞がわからないのに現在完了形がわかるようにはなりません。逆に言えば、階段を登る意欲さえあれば、もって生まれた頭のいい悪いに関係なく、伸びていく子になります。

もうひとつ大切なのは、我流でつっ走らないということです。ほかのことをぜんぜん調べずに宿題をやってしまうとか、スポーツでも自分のやりやすいフォームばかりで練習しているときなど、あとでそのクセを直すのはたいへんです。そんなときは、「学ばざれば則ち殆《あや》うし」と、親が教えてあげましょう。

子どもが知ったかぶりをしたら

19 「知っている」とはどういうことか

原文 知之為知之、不知為不知、是知也（為政第二―17）

母　「はるか、漢字のテストで『必』の書き順、間違っちゃったわね。こうやって書くのよ。ちゃんと練習しましょうね」
はるか「なあんだ。それなら知ってた」
母　「でも練習しないと、また間違えるわよ」
はるか「もう知ってるから大丈夫！」
母　「でも知ってるのと、できるのとは違うのよ。孔子先生はこう言っているの。

これを知《し》るをこれを知《し》ると為《な》し、
知《し》らざるを知《し》らずと為《な》せ。
是《こ》れ知《し》るなり

知っていることを知っているとして、知らないことは知らないというようにはっきりさせる。これが知っているということなの。聞かれたときに言えないのは、知っているとは言わない、と孔子先生も言っているわ」

解説

この言葉は孔子が弟子の子路に対して「知っているとはどういうことか教えよう」と言って、話した言葉です。子路は孔子の古くからの弟子で、愛すべき人物ですが、あまり地味な学問は好きではなく、少しあわてんぼうのところがあります。孔子はそれを知っていて、弟子を諭したのです。

ここで大切なのは「いまわかっていること」と「わかっていないこと」の境界線をはっきりさせることです。子どもはよく「知ってた、知ってた」と言います。でも聞かれたときに言えなければ、知っているとは言えません。「知っていること」と「知らないこと」の境界があいまいなままだと、子どもは伸びていきません。「あ、それは知らなかった」と言える子のほうが伸びるのです。

なぜなら境界線がはっきりしている子どもは、自分の「知らないこと」を「知っていること」に変えていく作業がしやすいからです。でも「全部知ってる。わかってる」という子は、境界線がないものですから、カッコばかりつけて、未知の領域への境界線を越えていくことができません。

何となくぼんやり全部を知っている気になっているけれど、実際にやらせてみるとできない、というのは「知ったかぶり」というかできた気になって

いるだけです。そのまま放置しておくと、「できる」と言ってごまかす生き方につながってしまう可能性もあるので、心のあり方を直していく必要があります。

ですから日頃から**「ここまではわかっている」「ここからはわからない」という線を引かせる練習をすることが大切**です。問題集をやらせたとすると、完全にできた問題は青のボールペンで丸をつけ、何となくできるとか、あやしいものは、すべて「できない」にして、赤でぐるぐるまきにしておきます。すると「わかっている問題」と「わかっていない問題」がはっきりします。自分が何がわからないかがわかれば、相当な進歩になります。

子どもに「本当にわかっているの？　じゃあ、言ってごらん」と確認してみましょう。たとえば「他人のふんどしで相撲《すもう》をとる、という意味を言ってみて」と聞いて、何となくわかるけれど言えないとすると、「それはわかっていることにはならないんだよ。自分の言葉で言いなおせて、初めてわかったことになるんだよ」と訓練するのが大事です。

本当の頭のよさについて教える

20 ひとつのことからいろいろつなげて考えてみる

原文 聞一以知十（公冶長第五―9）

たけし「ヒロシ君はとっても頭がいいんだよ。いつもテストは百点なんだ。僕、ヒロシ君にはぜったいかなわないや」
母「たしかにヒロシ君はよくできるわね。偉いわ。でもたけしも同じくらい頭がいいと、お母さんは思うわ」
たけし「うそだあ」
母「だってたけしはいろいろなことを考えて、お母さんに教えてくれるでしょ。それは頭がいい証拠だと、孔子先生もおっしゃっているわ。

一《いち》を聞《き》きて以《もっ》て十《じゅう》を知《し》る

これは顔回《がんかい》というお弟子さんのことを言っているの。顔回は一を聞いて十を悟る人だったんですって。ひとつのことを聞いて、いろいろなことが考えられたの。孔子先生も顔回にはかなわないっておっしゃっているわ」

解説

〈一を聞きて十を知る〉は孔子が子貢《しこう》という弟子に向かって「お前と顔回《がんかい》（孔子の一番弟子で顔淵《がんえん》ともいう）のどちらが優れているか」と聞いたとき、子貢が答えた言葉です。「顔回は一を聞いて十を悟りますが、私など一を聞いて二がわかるだけです」と子貢が答えると、孔子もそれを受けて「私もおまえといっしょだ。顔回には及ばないよ」と答えています。一を聞いて十を知る顔淵（顔回）は、孔子も及ばないくらい、頭がいいというわけです。

私はこの言葉がずっと心に残っています。なぜかというと本当の頭のよさとは、テストでいい点をとるとか、どれだけ暗記できるかということではなく、ひとつ聞いただけで「これとこれもそうだな」と類推を働かせて理解できることだと思うからです。

世の中には一を聞いても、ほとんど頭に残らない人もいます。反対に一を聞いて全部わかってしまう人もいます。注意しなければいけないのは、その人がどの程度わかっているかが相手に伝わってしまうことです。この人は一を聞いて五までわかったのか、それとも一しかわからない人なのか、少し話しただけで見抜かれてしまいます。それが人物評価に直結します。おろそかにはできません。ですから子どもも、一を聞いて十を知る人になれるよう、ふだんから鍛えておく必要があります。

どうやるのかというと、**「これってほかにどんなものがある？」**とか**「この人ってほかにどんな気持ちだったと思う？」といつも質問するのです。**「ぜんぜん思いつかない」と言えば、一を聞いて一を知るだけの人です。そうならないように、最低でも三個言えるようにしておくといいでしょう。

また親のほうでも子どもといっしょに映画を観たり、本を読むとき、伏線をちゃんと教えて子どもの「文脈力」を鍛えることが大事です。「なぜこの人はこんなことをしたんだろう？」「なぜそう思ったんだろう？」と質問して、答えられなければ、親が伏線や前後関係を教えていきます。するといろいろなつながりが見えてきます。つまり**頭がいいということは、いろいろなつながりを考えて、広げて考えられることです。**そうすれば「こうなったときはこうしよう」「これがダメならこっちはどうだろう」といろいろ考えて応用がきくので、生きていく力が身につきます。なお、同じような孔子の言葉に、

一隅《いちぐう》を挙げてこれに示し、三隅《さんぐう》を以《もつ》て反《か》えらざれば、則《すなわ》ち復《ま》たせざるなり

（「学一隅而示之、不以三隅反、則吾不復也」述而第七―8）

があります。ひとつの隅を示すと、あとの三つの隅がどうなっているかを類推してわかるようでないとダメだという意味です。物事が類推できないと理解力は深まりません。つながりを見つけて広げていく能力が、頭のよさです。

答え合わせの大切さを教える

21 間違いを改めないことが本当の間違いだ

原文　過而不改、是謂過矣（衛霊公第十五―30）

母　「はるか、テストの見直しやった？」
はるか「もうわかってるから、やらなくても大丈夫！」
母　「でも間違ったところはちゃんとチェックして、もう一度やってみないと、本当にできるようになったかどうかわからないのよ。

過《あやま》ちて改《あらた》めざる、是《こ》れを過《あやま》ちと謂《い》う

という孔子先生の言葉があるの。過ちをしても改めないことを、本当の過ちという、と孔子先生はおっしゃっているわ。世の中は一回目の間違いは許してもらえるけれど二回目になると『ちょっとどうかな』と思われて、三回目になるともう許してもらえないのよ。『仏の顔も三度』って言うでしょ？　同じ間違いをおかさないためにも、見直しは大切なの」

解説

同じ過ちを何度も繰り返すようだと、「もうダメだ」と見捨てられるということを小さいうちから教えておいたほうがいいでしょう。社会に出て、同じミスをする人は「使えない人間」のレッテルを貼られてしまいます。

そのためには勉強で一度間違えたところは必ず赤丸でチェックし、正しい答えを覚える習慣をつけておきましょう。そしてもう一度その問題をやらせてみます。それで間違えなければ、次からはその問題が出ても大丈夫です。最初から間違えずに答えられるのは、勉強においては大して重要なことではありません。むしろ「できないこと」が「できるようになる」のが勉強の本質なのですから、最初に間違うのは少しも悪いことではない、と教えておきましょう。

大切なのは一度間違えたところを修正できることです。社会はこの「修正力」を見て、人を評価しています。最初にミスをして、「ここはこうしてくださいね」と言われたあとで、また同じミスを繰り返すと、「修正能力がないのだ」と評価され、「できない人」の烙印《らくいん》を押されてしまいます。ですから同じミスをしないよう、習慣づけておかなければなりません。

たとえば筆算で割り算をするとき、小数点をずらすのを忘れたとすると、それを文章にして「小数点をずらす」と問題の横に書き出すようにさせましょう。そしてその問題をもう一度計算するときも、声に出して「小数点をずらすのを忘れない」と言わせながら、やらせてください。

「ぜったいに同じミスはしないのだ」という覚悟を決めて、問題に取り組ませれば、ミスはなくなっていきます。似た言葉に、**苟《いやし》くも過《あやま》ちあれば、人《ひと》必《かなら》ずこれを知《し》る**（「苟有過、人必知之」述而第七―30）があります。この言葉はそのまま読むと、「もし悪いことをしても、必ず人にばれてしまう」という意味にとられがちですが、そうではなく、もし自分に過ちがあったら、人が気づいて教えてくれる。だからとても幸せだという意味です。

孔子は自分のミスや過ちを人から指摘されるのが、ひじょうに幸せだと言っています。人は過ちを見つけてもなかなか指摘してくれません。ただ黙って離れていくだけです。ですから、**もし過ちを指摘してくれる人がいたら、自分はそのアドバイスに従って、修正していくことができるので、ひじょうにありがたいのです。**それくらい、過ちを知って直すことは大切なのです。

「もう無理！　できない！」と言い出したとき

22 限界を言い訳にしない

原文 今女画（雍也第六―12）

はるか「お母さん、もうぜったい無理。私、これ以上走れない」
母「がんばって。あともう少しでゴールよ」
はるか「もうダメ。死んじゃう」
母「はるか。いまのあなたの言葉、孔子先生が聞いたら、きっとこう言うわよ。

今女《いまなんじ》は画《かぎ》れり

母「いま、おまえは自分で自分の限界を決めて、見切りをつけちゃってる、という意味なの。本当はもっとできるのに、自分で自分の力を低く決めてしまうのは、もったいないことよ」

はるか「どういう意味？」

ってね」

解説　これは冉求《ぜんきゅう》というお弟子さんと孔子の間で交わされた会話の中に出てくる言葉です。冉求は「先生の道を学ぶのはうれしいけれど、自分が実践できないのは自分の力が足りないからです」と謙虚に言ったつもりですが、孔子は珍しくピシッと言い返しています。「力の足りないものは途中でやめることになる。いまお前は自分から見切りをつけて、自分をごまかしている」。

この意味をマラソンにたとえてもう少し詳しく解説すると、こうなります。冉求が「自分は力がないのでゴールまで走れません」と言ったとします。孔子はこう返すわけです。

「もし本当に力が足りないのなら、おまえはそこで倒れているはずだ。でも倒れていないじゃないか。おまえは倒れる前に、自分で見切りをつけてしまった。それは力が足りないんじゃなくて、自分の限界を自分で決めてごまかしているだけだよ。そして『自分は本当はできるかもしれない』という言いわけをして、チャレンジしないですむように楽をしているだけだ」

孔子の言葉はかなり痛いところをついています。大学の授業で『論語』をとりあげて「どの言葉がよかった?」と聞くと、「今女は画れり」をあげる学生がたくさんいます。「自分はまさにそうだった」と共感するようです。

私はこの言葉を齋藤メソッドの塾で、子どもたちと音読をするときに使っています。夏目漱石の『坊っちゃん』を一日で音読するときなどがそうです。『坊っちゃん』は全部で一一章あるのですが、子どもたちは二章目ぐらいで「もうできない」と言いだします。

まあもっともな話で、一時間ぐらい音読していれば、誰だって口が疲れます。そこで私は「今女は画れり」と言ってみんなを立たせ、姿勢を変えて音読をつづけさせます。するとだんだん疲れたと言わなくなります。

そして結果的に五時間半かかって、一冊全部読み切ることができました。一時間で無理と言っていたのが、五時間半までいったのです。だから「できっこない」というのはウソで、私の見積もりでは「無理」と言いだしてからその五倍はいけるという感触があります。

ですから親も子どもが「やめる」と言いだしたとき、安易に「疲れたんだね。じゃあ、やめようね」と言ってはいけません。その波が何回か来ますが、本当に最後のゴールが近づいてくると、もうやめなくなります。私も『坊っちゃん』を音読させたとき、残り二章ぐらいのところで「みんなも疲れただろうから、もうやめる?」とわざと聞いてみました。すると子どもたちはいっせいに「やる、やる」という感じで、最後まで行きました。

人はいかに自分の限界を低く見積もっているかということです。それを突破していくことで自信がつきます。**「もう限界だ」と弱気になって言いわけを始めたら、「今女は画《かぎ》れり！」と言って励ましましょう。**人は軽々と自分が決めた限界を超えていきます。

「どうしたら勉強が好きになれるの?」と聞かれたとき

23 楽しんでいる人にはかなわない

原文 知之者不如好之者、好之者不如楽之者(雍也第六―20)

たけし「お母さん。勉強ってつまらないよ。僕、勉強なんて大嫌い!」

母「お母さんもつまらないと思ったことがあるわ。でもいまは勉強が大好きよ」

たけし「どうやって好きになったの?」

母「孔子先生の言うとおりにしたら、好きになったの。孔子先生はこう言っているわ。

これを知《し》る者《もの》はこれを好《この》む者《もの》に如《し》かず。これを好《この》む者《もの》はこれを楽《たの》しむ者《もの》に如《し》かず

知っていることは好むことにかなわないし、好むことは楽しむことには及ばない、だから楽しむのがいちばんいい、とおっしゃっているの。自分ができることを見つけて、一生懸命やっていると、そのうち好きになって、もっとやっていると、最後は楽しくてたまらなくなるの。そこまでやればしめたものよ」

解説

これも孔子の言葉の中では有名です。ただ知っているだけではなく、好んでやっていればもっと上達するし、楽しんでやればいちばん伸びるということです。

「好む」と「楽しむ」は似ていますが、適度に好きなのがこの場合の「好む」で、楽しくて楽しくてたまらないのが「楽しむ」という意味です。

楽しんでできれば、知識はどんどん身につき、技術ははてしなく向上します。巨人の終身名誉監督の長嶋茂雄さんは野球の天才でしたが、彼がなぜ天才の境地まで行けたのかというと、野球が楽しくて楽しくてたまらなかったからです。

彼はインタビューでこんなことを言っています。

「いまの選手は練習がつらいというけれど、自分には理解できない。だって練習だって野球をすることに変わりないでしょう？　野球は楽しいのに、なぜ野球の練習がつらいと言うのかがわからない」

長嶋さんは何時間練習しても嫌にならなかったそうです。夜中に突然新しい打ち方を思いつくと、合宿所で寝ている人たちを踏みつけながら外に出て素振りをしました。野球が楽しくてたまらない。だから長嶋さんは天才のレベルまで行ったわけです。

勉強が嫌いと言っていては、いつまでたっても、できるようになりません。嫌いな中でも、「ここはできる」というところをつくって、一生懸命やったら、そこだけは面白くなるはずです。

面白くなったら、「好む」をもう一歩超えて、もっとできるようにする。すると、すごく楽しくなってきます。そういう変化ははっきりとあらわれるものです。

たとえば一冊の本を音読するのが、最初はたどたどしくて嫌だったけれど、だんだんやっているうちに速く読めるようになってちょっと面白くなってくる。最後のほうに来るころには自分がその本を音読できたことが誇らしくなってきて、気づいたら、その本が大好きになっているということがあります。

だから**最初は子どもが一生懸命取り組めるものをピンポイントで決めて、やらせるのもいい**と思います。百ます計算でもいいし、『論語』の音読でもいいし、漢字の書き取りでもかまいません。

あまり気乗りしなくても、やっているうちにスピードがついてきて面白くなります。そこまでがんばってやらせてください。**好きになって、楽しくなる一線を乗り越えさせる経験が大事です。**

宣誓することの大切さについて

24 目標を口に出して言うと成功しやすい

原文 名不正則言不順、言不順則事不成（子路第十三―3）

たけし「オリンピックとかスポーツの大会で、『宣誓!』ってやるでしょ。どうしてあんなことするの?」

母「それは口に出して言うと、行ないも違ってくるからよ。

名《な》正《ただ》しからざれば則《すなわ》ち言《げん》順《したが》わず、言《げん》順《したが》わざれば則《すなわ》ち事《こと》成《な》らず

と、孔子先生もおっしゃっているの。名が正しくなければ、言葉も正しくならないし、言葉が正しくなければ、物事もちゃんとできない、という意味よ。つまり言葉や口で言ったことは、とても重要だってこと。たけしもお勉強する前に『今日はここまでぜったい覚える』って言ってからやってみましょうね。そしたらきっとちゃんとできるようになるわよ」

解説

この言葉は子路という孔子の弟子の「もし先生が殿様から政治をまかされたら、何から先にされますか?」という質問に答えたものです。孔子はまず

させるという意味です。

「名前を正しくするのが大事だ」と言います。行ないの前に名前をしっかり

日本の大臣に「少子化対策担当大臣」というポストがあります。この名前をつけただけで、「さあ、少子化対策をやるぞ！」という意気込みが伝わってきます。これなども「名」が先にある典型です。〈名正しからざれば則ち言順わず、言順わざれば則ち事成らず〉と同じ一節の中に、次のような言葉もあります。

これを言《い》えば必《かなら》ず行《おこ》なうべきなり（「言之必可行也」子路第十三―3）

「言ったことはきちんと実行するようにする」という意味です。**名づけることによって、実際に事が成るかどうかが影響されるくらいですから、名づけたことを自分の口に出して宣言すればなおいっそう効果があるとわかります。**スポーツ大会の宣誓も「われわれはスポーツマン精神にのっとり……」と最初に宣言することで、自分たちもそのように行動する効力があるからです。

会社でも「一つ、挨拶をしっかりする。二つ、感謝の気持ちを持つ」などと社員みんなで唱和させることで、生産性があがったり、「右よし、左よし、ブレーキよし」など、声に出して読み上げると、ミスが減ると言います。

子どもに勉強させるときも「三十分はぜったいに集中する」とか「間違いは全部赤いボールペンでチェックする」というようなことを先に宣言してから取り組むと、ひじょうに効率がいいと思います。私も齋藤メソッドの塾では、最初に「テンポよく素早く読めるようにする！」とみんなで言ってから始めると、速く読めるようになります。

〈名正しからざれば則ち言順わず、言順わざれば則ち事成らず〉とセットにして、〈これを言えば必ず行なうべきなり〉と言えば、心が動いてきます。

子どもに何かを取り組ませる前には、言葉でちゃんと宣言させ、途中で弱気になってきたら〈これを言えば必ず行なうべきなり〉と励ますといいでしょう。

ちなみに〈名正しからざれば〉に関して言うと、昔の日本人の名前には『論語』でとりあげられている「仁」「義」「礼」「智」という文字の入っているものが多くみられました。また女の子の名前にはたいてい「子」が付いていましたが、「子」というのは孔子の時代には「君子」のことですから、尊敬される人という意味です。日本人の名前を見ると、名から始めるという『論語』の影響がいかに大きかったかがわかります。

「習い事をやめたい！」と言われたら

25 三年あれば立派にできるようになる

原文 三年有成（子路第十三―10）

はるか「お母さん、私、ピアノ教室やめたい」
母「どうして？　まだ始めたばかりじゃないの」
はるか「だって、ぜんぜんうまくならないんだもん。はるか、ピアノの才能がないんだと思う」
母「それを決めるのは早すぎるわ。石の上にも三年って言うでしょ。孔子先生も同じことを言っているの。

三年《さんねん》にして成《な》すこと有《あ》らん

って。これは三年たてば立派にできるようになる、という意味よ。お母さんも小さいとき、泳ぎが苦手だったけど、スイミングに通って三年たったら、ちゃんと泳げるようになって、学校の選手に選ばれたの。だけど途中でやめたら、いまも泳ぎが苦手なままだったと思う。だからはるかもう少しがんばってごらん。三年たったら、きっといまと違うはるかになっていると思うわ」

解説
〈三年にして成すこと有らん〉の前には〈**苟《いやし》くも我《わ》れを用《もち》うる者《もの》あらば、期《き》月《げつ》のみにして可《か》ならん**〉という言葉が入ります。訳すと「もし誰かが私を用いて、政治をやらせてくれるなら、一年だけでも大丈夫だ。三年もたてば立派に事をなし遂げている」という意味です。

孔子は「一年でもいいが、三年をわれに与えたまえ」と言ったわけです。一年でも形になるが、三年あれば立派なことができる、と言い切っています。

たしかに三年というのは、何かを身につけるのに最適な期間ではないでしょうか。仏教の千日回峰行も、千日、つまり三年荒行をすれば悟るという意味です。やはり三年は根拠があるのです。

私も経験があるのですが、中学のとき、柔道部の人と試合をしたことがあります。私は柔道部に入っていませんでしたが、武道にはちょっと自信がありました。ところが、柔道部で三年間部活をやってきた人間と組んだとき、見事に投げられたことがあります。自分がぽーんと宙を舞ったときの心地よさはいまでも忘れられません。「やはり三年間、部活をやっただけのことはあるな」と思った記憶があります。

習い事でも仕事でも何でもそうですが、三年やるといろいろなことがわかってきます。いまはすぐに投げ出してしまう子どもが多いので、**「どんなことも三年我慢することが必要なんだよ」と教えましょう。**そして〈三年にして成すこと有らん〉を口グセにしておくと、大人になってから会社をやめたくなっても、「とりあえず三年は我慢してみようか」と踏みとどまれるようになります。

もっとも習い事をたくさんやっているときは、全部をつづけるのは無理なので、その中からしぼっていく必要があります。とくに中学受験をする場合は、小学校四、五年生になると塾の比重が大きくなってきます。習い事は最終的にはひとつかふたつにしぼってしまってもいいでしょう。

ただ、**できれば三年ぐらいはつづけられるものを見つけて、「これなら三年つづきそう」という話を親子でするのもいい**と思います。たとえば、小学校二年生からスイミングをやって、二、三、四と三年間やってみようかというふうにです。

スイミングクラブに三年間通っておけば、水泳に関しては、習っていなかった人と比べると、フォームやスピードなど、一生、人よりハイレベルで泳ぐことができます。やはり三年つづける意味は大きいのです。

「こんなことを覚えて、将来どんな役に立つの？」と言われたら

26 小さな積み重ねが大切

原文 母見小利、見小利則大事不成（子路第十三―17）

たけし「ああ、もう、歴史の人の名前を覚えるのは面倒くさい。藤原鎌足とか蘇我入鹿《そがのいるか》とか覚えても、将来どんな役に立つの？　僕はサッカー選手になるんだから、サッカーの練習だけしていればいいんだよ。社会科の勉強なんていらない！」

母「たけし、知ってる？　サッカーでも野球でも一流の選手はみなとても頭がいいの。お勉強もできたのよ。どんな世界でも一流

になる人はみな頭がいいの。ちゃんと勉強して頭を鍛えたから、好きな道で成功できたのよ。孔子先生もこう言っているわ。

小利《しょうり》を見《み》ること毋《な》かれ。小利《しょうり》を見《み》れば則《すなわ》ち大事《だいじ》成《な》らず

目先の小さな利益にとらわれてはいけない。小さな利益ばかり見ていると、大きなことがなし遂げられない、という意味よ。たけしも本当に一流のサッカー選手をめざすなら、面倒くさいことや難しい勉強にもチャレンジして、こつこつ積み上げていくことが大切なの」

解説

孔子が言う「小さい利益」とは、「こっちのほうが楽だ」とか「これをやると得になるかも」というようなことです。そればかりをやっていると、本当に身につけなければいけない大切なことがおろそかになって、大きなことができなくなるという意味です。

勉強はまさに小利を見ていてはできません。社会の暗記や難しい数学の数式を覚えても、直接生活に役立つわけではありませんが、勉強をちゃんとしておくと、難しい試験に合格して官庁に入って、そこで世の中のためになる大きな仕事ができるかもしれません。医者になって人の命を救えるかもしれません。**「大事」を成すためには、そういう小さな積み重ねが大切**なのです。

先日、ある会議に出たときに聞いた、ある人の言葉が印象に残っています。その人の中学の国語の先生は、生徒にやたらと暗唱させるので、みんなから嫌われていたそうです。「でもこの年になってみると、あの先生がやってくれた暗唱だけが残っています」と言っていました。

その人は『平家物語』の出だしの「祇園精舎の鐘の声」だけでなく、那須与一が矢を射る場面の「ひいふっとぞ射切つたる」まで言えるそうです。「結局、一生残るお土産を持たせてくれたのは、あの先生だけだったんですね」としみじみと語ってくれました。

先生にしてみれば、「小利」はそのとき優しくして子どもに好かれることです。でも優しくしてばかりいては大きなプレゼントができません。四十年、五十年たったとき「あの先生がいちばんよかった」と言われるような「大事」を残すためには、いま嫌われても子どもたちに暗唱をさせることを選んだのでしょう。

勉強して、ものを覚えるのは、たしかに面倒くさいことです。覚えなくても何とかできてしまうことはたくさんあります。でも将来、大きな事をなし遂げたいのであれば、いま楽なことや気持ちのいいことだけやっていては大成しません。

野球の王貞治さんは「遠くの目標を持たないとダメだ」と言っています。

プロ野球に入ってすぐに高級車を買ったり、家を買ったりするのは「小利」であって、そこで満足してしまうと限界が来て、一流選手にはなれないということです。

メジャーリーガーのイチロー選手も「小さなことを積み上げることがとんでもないところに行く唯一の道だ」と言っています。そのために地道に練習することが大事です。勉強も同じです。**算数や社会の問題をやりながら、一生懸命考え、頭を使う練習を積み上げることで、人は「とんでもないところ」まで到達することができます。**

夏休みの宿題をいつまでも放ったらかしてやらないとき

27 先を見ないと心配ごとでいっぱいになる

原文 人而無遠慮、必有近憂（衛霊公第十五―12）

母「たけし、夏休みの宿題やった?」
たけし「まだ夏休みに入ったばかりだよ。いっぱい休みがあるんだから、いまからやらなくっても大丈夫だよ」
母「あなたはいつもそうやってギリギリまでやらずにいて、あとであわてるわね。そういうことをしていると、不幸せな人になっちゃうわよ。こういう言葉があるの。

人《ひと》にして遠《とお》き慮《おもんばか》り無《な》ければ、必《かなら》ず近《ちか》き憂《うれ》い有《あ》り

遠くまでの配慮がないと、身近に心配ごとが起きちゃうっていう意味ね。先のことをちゃんと考えてやらないと、いつも心配ばかりしてすごすことになっちゃう、と孔子先生はおっしゃっているの。たけしも宿題をやらないと、夏休みの間中『宿題、宿題』と思いながら、憂鬱な毎日をすごすことになるのよ」

解説

これは先を見通すことの大切さを述べた言葉です。子どもが先々のことを考えずにだらだらしていたり、短絡的な行動に走ろうとしたときは、**「ちゃんと先のことを考えないと、いろんな心配ごとが起きてしまうんだよ」**と教

えましょう。

たとえば宿題や課題でも、締め切りまぎわになって大あわてすることがあります。夏休みの宿題を九月一日に学校に提出することが〈遠き慮り〉だとすると、夏休みに入ってすぐに計画を立てて片づけてしまえば、宿題に関する心配ごと、つまり〈近き憂い〉はなくなります。

本当は、宿題は出されたその日にガーッと一気にやってしまうのが、いちばんモチベーションが高いので、効率的です。でも後回しにすればするほど、やる気がなくなっていきます。社会に出てから、「仕事ができない」「やる気がない」と言われる人は、ほとんどがやるべきことを後回しにするタイプです。

ですから**小さいころから計画を立てて、早めにやってしまう練習をしておくといいと思います。**一カ月の計画表をつくって、「何日までにこれをやろう」と親子で確認しあい、リビングや勉強机の目立つところに貼っておくのもいいでしょう。

あるいは十二月三十一日に、家族で「今年の目標はこうだったけれど、これこれは実現できたので、なかなかいい一年だった」というようなことをそれぞれ言ってみて、「それじゃ、来年の目標を言ってみよう」と発表しあうのもいいと思います。

短期の目標だけでなく、長期目標を立てるのもいいでしょう。中学受験を考えているなら、「三年後にはあの中学に入ろう」とか「ぜったいあの大学に行く」という先の目標を立てて、そのためのステップとしていまを考えるようにしていくと、近くの心配ごとは減っていきます。

私も仕事が手いっぱいになってパニックになりそうなことがありますが、そんなときは手帳を見て計画を立て直すと、気持ちが落ち着いて、冷静に処理できるようになります。

とにかく嫌なことは先にさっさと終わらせてしまうのがいいのです。似たような言葉に、

仁者《じんしゃ》は難《かた》きを先《さ》きにして獲《う》るを後《のち》にす（「仁者先難而後獲」雍也第六—22）

があります。能力のある人は難しいことを先にやってしまい、評価や利益はそのあとで考えるという意味です。人はとかく易きに流れがちですが、やりにくいことからどんどん取り組んでいくメンタリティを持つと、結果的に利益も得られ、楽に生きられるのです。

「長い時間勉強すれば頭がよくなるの？」と聞かれたら

28 真ん中が最高

原文 中庸之為徳也、其至矣乎（雍也第六―29）

はるか「お母さん、人って一日何時間くらい勉強すれば、頭がよくなるの？　一日中勉強していれば、成績があがるかな？」

母「そうね。お勉強はちゃんとしないと、頭はよくならないわね。わかるようになるまで、勉強することは必要よ。でも、ダラダラと何時間も机の前に座っていれば、頭がよくなるというわけでもないの。ひとつの問題に二時間も三時間も時間をかけていたら、ほかのお勉強ができなくなっちゃうでしょ？　そうしたら全体で見ると、お勉強ができるようにはならなくなっちゃう。だから何事もちょうどよいバランスが大切だと、孔子先生はおっしゃっているの。

中庸《ちゅうよう》の徳《とく》たるや、其《そ》れ至《いた》れるかな

過不足のない真ん中が最高だ、という意味よ。いろんなことのバランスを考えて、ちょうどいい真ん中を考えるようにするといいわね」

解説

孔子は〈中庸の徳〉を最高のものとしました。
中庸は英語でＧｏｌｄｅｎ《ゴールデン》　Ｍｅａｎ《ミーン》といいます。黄金の中間、という訳になります。物事には「ここ」という中心になるポイントがあります。子どもにわかりやすく説明するなら、やじろべえの中心をイメージさせるといいでしょう。

両端に粘土で重りをつけて、ちょうど釣り合うポイントを探させる。そこが中庸です。バランスがとれる最高のポイントというわけです。

これは五五ページにも出てくる〈過ぎたるは猶お及ばざるがごとし〉と同じです。やりすぎてしまうのは、やらなさすぎてしまうのと同じ、中庸がいちばんいいということです。

たとえば子どもにノートをとらせるとき、あまりにきれいに書きすぎると、そこばかりにエネルギーを使ってしまって、肝心な中身がおろそかになってしまいます。かといって、汚い字でノートをとれば、あとで読めなくなってしまいます。ほどほどのきれいさと早さで、ノートをとることが大切です。

問題を解くときも、ひとつの問題に何時間もかけていては、勉強が進みません。ある程度考えてわからないときは、答えや解説を見て理解し、その問題は○印をつけて、あとでもう一度やることにするべきでしょう。そうしないと勉強は先に進みません。試験があるときは、その範囲を終わらせることができないでしょう。

要するに、バランスが大切なのですが、「極端」なことはすぐわかっても、ちょうどいい中庸のポイントを見つけるのがひじょうに難しいと言えます。

料理で言えば「これは塩辛すぎる」「これは味が薄すぎる」と味見をしながら、塩を少しずつ加えていって、「あ、ここだ」というポイントを見つける感覚を研ぎ澄ましていくようなものです。

勉強に関してそのポイントを見つけるには、**最初のうちは少しやりすぎるくらいがちょうどいいと思います。そのうちだんだんやりすぎないことを覚えていきます。**「あれ、やりすぎて時間が足りなくなっちゃった」という経験を何度もして、「間に合わない、どうしよう」という追い込みをやると、パワーが出るクセがつきます。

そのほうが、やらなさすぎて「全然足りなかった」というよりははるかにましです。そのうち、どのへんまでやればちょうどいいかというバランスを覚えてきます。

親も日頃から、過不足のないポイントを教えてやるといいでしょう。たとえば食事をするとき「出されたものはまんべんなく、全部食べるのがいいんだね」「ひとつのものばかり最初に食べすぎると、あとのものが食べられなくなるね」などというように教えていると、バランス感覚が身についてくるでしょう。

「お母さんのせいでこうなった」と言われたとき

29 すべては自分が決めたこと

原文 止吾止也、進吾往也(子罕第九—19)

はるか「はるか、やっぱり中学受験しない」
母　「どうして？」
はるか「だってはるかはお母さんが行けって言うから、受験勉強してたんだよ。でもそのせいで、みんなと遊べなくなっちゃったの。学校へ行っても面白くないのはお母さんのせいだよ。だから受験なんかしない」

母

「私立中学に行きたいって言ったのは、はるかじゃないの？　学校見学へ行って、この中学に入りたいって言ったのも、はるかよね？　受験を決めたのははるかなのよ。せっかく自分で決めてここまでがんばったのに、いまここでやめるの？　本当にやめてもいいの？　やめるか、やめないかは、はるか自身で決めなさい。でも本当にここでやめて後悔しないかどうか、よく考えなさいね。孔子先生はこうおっしゃっているの。

止《や》むは吾《わ》が止《や》むなり。
進《すす》むは吾《わ》が往《ゆ》くなり

やめるのも、やめないのも自分が決めたこと。人のせいではない、という意味よ。人を言いわけにしないで、全部、自分の責任で決めるのよ」

解説

これは子どもが親のせいにするときに、使える言葉です。「お母さんがあんなことを言ったから、もうやる気をなくした」とか「お母さんのせいでこうなった」などと言いだしたとき、「そうではない」とわからせるために引き合いに出しましょう。

子どもはとかく人のせいにしがちです。でもこのクセを修正せずにいくと、大人になっても、「社会が悪い」「上司が悪い」といつも周りのせいにして、自分自身を反省することができない人になってしまいます。悪いのは自分ではなく、周りなので、いつまでたっても問題解決ができません。

そのため、トラブルがなくならないばかりか、社会への怨みつらみが増していって、どんどんこじれていくのです。社会に適応できずにいろいろな事件を起こしてしまう人の多くが、この「悪いのは周りだ」という発想をします。これは本人にとっても、周囲の人にとってもたいへん不幸なことです。

ですから人に責任転嫁するクセは、子どものころに直しておく必要があります。

〈止《や》むは吾が止むなり。進むは吾が往《ゆ》くなり〉について、孔子は山や土地の例を引いて、説明しています。

たとえば山をつくるとき、あともうひと盛りで山が完成するという、その直前でやめてしまうのも、自分がやめたのである。あとで「惜しかったな」と後悔しても、それは人がやめさせたのではなく、自分がやめたのである。また土地を平らにするときも、ひとかごずつ土をかぶせてならすとすると、そのたったひとかご分でも、土地をならしたのは自分である。だから、もう疲れたといって、ここでやめてしまうのも自分だし、もう一回、やってみようかとやってみるのも自分である。人を言いわけにしないで、全部、自分の責任でやりなさい、という意味です。

子どもが「塾に行きたい」とか、反対に「やめる」と言いだしたときも、「本当に行きたいのか」「本当にやめていいのか」、その一歩を決めるのは自分なんだよ、という覚悟をさせたほうがいいでしょう。

子どものときから、すべてのことにおいて、自分の責任で決定するのだという自覚をつけさせてください。

「なぜ勉強しなくちゃいけないの？」と言われたら

30 勉強はやわらかな頭をつくる

原文 学則不固（学而第一―8）

はるか　「あ〜あ、どうして勉強しなくちゃいけないのかなあ。はるかは大きくなったらお嫁さんになるんだから、勉強して難しい学校なんかに入らなくても大丈夫だよ」

母　「勉強は難しい学校に入るためにやっているんじゃないのよ。頭をやわらかくしていろいろな角度から考えられるようにするために、やっているのよ。そうすれば、間違いが少なくなるでしよ？　孔子先生もこうおっしゃっているの。

学《まな》べば則《すなわ》ち固《こ》ならず

ってね。学問をすると、頑固じゃなくなるという意味よ。頭が固まっちゃった人はもうそこで進歩が止まっちゃうの。『どうしてだろう？』『なぜだろう？』と頭をやわらかくして考えることができないでしょ。だから新しいことを学んだり、思いついたりするには、勉強してやわらかな頭をつくる必要があるのよ」

解説

子どもは必ず「どうして勉強するの？」と聞いてきます。そんなとき、親は「いい大学に入るため」とか「いい会社に入るため」と言ってしまいがちです。その答え方も現実的で、間違いではありませんが、相手が小学生ぐらいであれば、逆にもっと本質的な話をしたほうが心に届きます。

学問は何のためにするのかというと、ひとつには物事をさまざまな角度から見て、理解を深めるためです。たとえば戦争にしても、どちらか一方の側からだけ見ていると、戦争の本当の理由や実態がわかりません。両方の側から見たり、あるいは第三者の立場から見ていけば、もう少し別のやり方があったのではないか、ということもわかります。

学ぶというのは、「別の角度から見ると、こんなふうにも考えられる」というところがポイントになります。キリンを真上から見ると、首が長いのがわかりませんが、横から見れば、ものすごく首の長い動物であることがわかります。そんなふうに、別の観点から見ることで、より正確な判断ができるようになります。

それは別の考え方の人の意見に耳を傾けたり、「自分よりもっと優れた人がいる」という素直な気持ちにつながります。それがもっと学びたいという姿勢にもなります。

大人は子どものことを純粋で柔軟だと思っているようですが、意外に子どもは思い込みの激しい、頑固な一面を持っています。そのまま放置しておくと、「もうぜったいあの子は嫌い」とか「ニンジンは食べない」とか「算数なんて大嫌い」という頑固な頭になってしまいます。すると人の言うことをきかなくなるので、新しい情報が入りません。つまり伸びていかないわけです。

頭が固いデメリットはそれだけではありません。自分のやり方に固執するため、周りの人から嫌われます。その結果、会社でも浮いてしまったり、人間関係がうまく結べません。思い込みで動くので、判断ミスも多く、結局のところ、幸せな人生が送れないのです。

孔子は決めつけをしない人でした。いろいろな角度から物事を冷静に見て判断するので、過ちがありませんでした。だからあれほどの尊敬を得たのです。

しかし、**「これしかない」と決めつけてしまうと、その頑《かたく》なさや偏《かたよ》りが、命とりになってしまいます。**子どもが狭い思い込みにとらわれているときは、〈学べば則ち固ならず〉と教え、「決めつけちゃいけないんだよ」とアドバイスしてあげましょう。

たとえば子どもが「塾に行きたくない」と言ったとして「それじゃ、こんな塾なら面白いんじゃない？」と試しに行かせてみたら、「けっこう面白かった」ということがあります。そういうときこそ、「ね、決めつけちゃいけないでしょう？」と言って、**頭を柔軟にする必要性を教えましょう。**勉強はその柔軟な頭をつくるためにするのです。

コラム

憤《ふん》せずんば啓《けい》せず。悱《ひ》せずんば発《はつ》せず

原文 不憤不啓、不悱不発（述而第七―8）

これはわかりそうでわからなくて身もだえしている人でないと指導しない、言えそうで言えなくて口をもごもごしている人でないと教えない、という意味です。

孔子は自分から求めない人には教えませんでした。いまの子は何でも与えられすぎていて「本当に知りたい」という気持ちがなくなっています。それでは身につきません。

子どもはよく「塾に行きたくない」と言います。親は「塾に行っても意味がないなら、やめてもいいんだよ」と答えてもいいでしょう。でも塾に行ったことで勉強が少しでもわかるようになったのに、行きたくないと言っているのなら、それは塾に行くのが面倒くさいだけです。

子どもに、勉強がわかりたいのか、わからなくてもいいのか、そこを一度振り返らせる必要があります。そしてわかるようになりたいのなら、塾にただ行くだけではダメで、ちゃんと宿題をやったり、予習をしていくことが必要だと言ってみます。

宿題、予習をして、「これを知りたい」ということが出てくれば、栄養がしみていくように勉強がしみわたっていきます。

第3章

よりよい「人間関係」をつくる

「いじめられている子がいる」と言われたとき

31 やるべきことをやる勇気

原文 見義不為、無勇也（為政第二―24）

はるか「クラスにいつもいじめられている子がいるの。かわいそうだと思うけど、その子をかばうと、今度は私がいじめられちゃうかもしれないでしょ。やっぱり知らんふりしてたほうがいいのかな」

母「みんなが知らん顔をしてるのは、そのほうが安全だと思うからよね。でも本当にそうかしら？　それは自分がいじめられたとき、誰も助けてくれないってことなのよ」

はるか「そうか。そんなの、嫌だわ」

母「だから、誰かが勇気をふるって、いじめをやめさせないといけないの。孔子先生はこう言っているわ。

義《ぎ》を見《み》て為《せ》ざるは、勇《ゆう》なきなり

目の前にやらなければならないことがあるのに、何もしないのは勇気がないこと、臆病者だ、と言っているの。勇気をふるって正しいことをやるのは、人のためだけじゃなく、自分のためでもあるのよ」

解説
〈義を見て為《せ》ざるは、勇なきなり〉はとても有名な孔子の言葉です。私は小学生のころから、この言葉を知っていました。自分がやらなければいけないと思ったときは、勇気を持ってやるべきだ、というこの言葉は、小さいころからしっかり心に刻み込まれています。

いま、学校ではいじめの問題がとても深刻です。そのメカニズムを調べてみると、いじめがなくならないいちばんの理由は、いじめをしている人がそれをやめられないからです。いじめているうちに歯止めがきかなくなって、自分ではやめることができない。だから横で見ている人が、何とかしてあげなければいけません。

直接いじめっ子に言うと仕返しがこわいというなら、先生に「あの子がいじめられています」とそっと知らせるように、アドバイスしてみましょう。とにかく、何かあったら、見て見ぬふりをしないこと。その習慣を子どものころからつけておかなければいけません。

事なかれ主義がなぜいけないのかというと、みんなが無関心でいる間に、力だけで決まってしまう世の中ができあがってしまうからです。**人が困って**

いるときに手を差し伸べない社会は、自分が困っているときに助けてくれない社会です。そんな世の中にしたいのか、ということを子どもにしっかり言ってきかせましょう。

〈義を見て為ざるは、勇なきなり〉は、文章としてもとても優れています。なぜなら「義」という言葉と「勇」という言葉が、短いセンテンスの中にセットで入っているからです。「義」という漢字には、「人間が踏み行なうべき正しい道」という意味があります。

「義しい」を「ただしい」と読める人が何人いるでしょうか。その「ただしさ」とはテストで正しい答えを書くといった表面的な正しさではなく、人として自分自身の内面を深く掘り下げていったときに、「これは正しい」と自分で自分に言える「ただしさ」のことです。

実は、小学生は世の中のために役立ちたいという良心をいちばん強く持っている年代です。その時期に**「義」という字の意味を教え、体にしみこませておくことはひじょうに大切**です。たとえば〈義を見て為ざるは、勇なきなり〉の「義」は「正義の義だね」というように教えたり、「義」という一文字を書いて机の前に貼っておくだけでも、効果があります。それが自分の中の良心のセンサーになっていきます。

また「勇」という意味は、いままでの自分を一歩踏み越える勇気のことです。わかっているのにやらない、というのではなく、「義」を感じたらすぐ動ける体をつくる。それは自分の限界を突破し、他人とかかわっていくためにもひじょうに重要な力になります。

友だちの大切さを教える

32 友だちが訪ねてきてくれるような人になる

原文 有朋自遠方来、不亦楽乎（学而第一―1）

母　「たけし、元気ないわね。どうしたの？」
たけし「みんなとケンカしたんだ。僕はちっとも悪くないのに、みんなで僕のせいにするんだ。もう友だちなんかいなくていい」
母　「でもお友だちがいないと、さびしいんじゃない？」
たけし「さびしくなんかないや。僕、ひとりだって平気だもん」
母　「そうね。でも小学校のときのお友だちは、小学校のときしかつくれないでしょ？　大人になってからつくるお友だちとは全然別なの。孔子先生もこうおっしゃっているわ。

朋《とも》あり、遠方《えんぽう》より来《き》たる、亦《ま》た楽《たの》しからずや

お友だちが遠くから自分を訪ねてきてくれるのは、とても楽しいことだ、と言っているの。一緒に勉強したり、遊んだりした思い出を話しあえるお友だちがいたら、楽しいでしょ。孔子先生はそれを喜びにして、学問に励んでいたのよ。だから、お友だちを大事にして、たくさんつくっておきましょうね。そしてお友だちがいっぱい訪ねてくれるような人になれたら、きっと楽しいわね」

解説

〈朋あり、遠方より来たる〉は『論語』の冒頭に書かれている有名な言葉です。孔子は友人や弟子たちをとても大切にしました。人間は一人で生まれて、一人で死んでいきますが、その間、一緒に歩いた仲間がいれば、人生はより彩り豊かで楽しいものになる、という意味だと思います。

そもそも友だちとはどういう存在かというと、その意味は二つあって、ひとつは「向上心を共有する仲間」、もうひとつは「何でも話せて許せる仲間」です。前者でいえば、何かを一生懸命にやった仲間は、大人になってから集まっても、元気を注入してくれる刺激剤になります。そういう友だちをつくるために、「いっしょに前向きになってがんばれるお友だちがあるといいね」と言っておきましょう。

後者でいうと、自分が落ち込んでいたり、やる気を失ったとき、いっしょにいて時をすごしてくれるのが友だちです。ただそこにいてくれるだけで、ほっとする。そういう存在がいれば、大人になってからも心強いものです。

孔子は、自分がまだ若くて未熟な時代に出会った友だちが訪ねてくることが、何よりも喜びでした。自分自身が水あめのように柔らかいときに、心が溶け合えた仲間なので、大人になって会っても、すぐひとつになれます。こういう関係は、子ども時代の友だちだからこそできることなので、**「いま目の前にいるお友だちを大切にしようね」「孔子先生もそういうお友だちがいちばん大切だったんだよ」と教えましょう。**

「お友だちを大切に」と漠然と言ってもわかりづらいと思うので、たとえば友だちが家に遊びに来たら、自分だけゲームをしたり、マンガを読んでいるのではなく、ちゃんと友だちを歓迎して、友だちも楽しく遊べる方法を考えられるように仕向けてください。

お菓子があったら、友だちにも出してあげる。そうすると、自分のお菓子は少なくなってしまいますが、そこで友だちが喜んでくれれば、それが自分の喜びにもなる、という経験をさせることが大切です。そういう気持ちを教えるとき、**「お友だちが訪ねてくれるような自分の存在が、実はとても大切**

なのだ。だからお友だちを大切にするのは自分を大切にすることだ」ということまで教えられれば、孔子の言葉も生きてきます。

「誰もわかってくれない」と落ち込んでいるとき

33 天はちゃんとわかっている

原文 不怨天、不尤人、下学而上達、知我者其天乎（憲問第十四―37）

母 「はるか、元気ないわね。どうしたの？」
はるか 「お母さん、誰もはるかのことをわかってくれないんだよ。今日、生き物の係を決めるとき、はるかは手をあげたのに、ほかの人が選ばれたんだよ。はるかは動物のこと、すごく知ってるのに」

母

「そうだったの。それは残念だったわね。でもはるかが選ばれなかったのは、はるかに何か足りないところがあったからかもしれないわよ。こういう言葉があるの。

天《てん》を怨《うら》みず、人《ひと》を尤《とが》めず、
下学《かがく》して上達《じょうたつ》す。
我《わ》れを知《し》る者《もの》は其《そ》れ天《てん》か

自分が認められなくても、天をうらんだり、人を非難したりしない。一生懸命、勉強して上達すればいい。天がちゃんとわかってくれる、という意味よ。はるか、大丈夫よ。一生懸命努力しましょう。天ははるかのことをちゃんと見ていてくれるわよ」

解説

先生や友だちが自分を全然認めてくれない、という不満はけっこうあるものです。でもそういうことはこの先もたくさんあるんだし、そのときに人をとがめたり、**自分はツイてないと天を怨んでもしかたない、ということを教えましょう。**

孔子自身、あれほどの人物だったのに、必ずしも認められて仕事がたくさんあったわけではありません。それでも「天を怨まない」「人をとがめない」と言っています。そして「下学」、つまり身近なことを学んで、高遠なことに通じていこう、と勉学に励みました。

誰かが評価してくれなくてもいい。天がわかってくれる、という気持ちが持てると、やけくそにならずに、しっかりやっていこうという前向きな姿勢になります。

子どもが「あの人、うらやましい。私なんかぜんぜんダメだ。やってもしかたない」などと不平を言いだしたとき、〈我れを知る者は其れ天か〉と言

って励ませば、子どもの情緒を安定させることができます。同じような言葉に、

人《ひと》知《し》らずして慍《うら》みず、亦《ま》た君子《くんし》ならずや（「人不知而不慍、不亦君子乎」学而第一―1）

があります。人がわかってくれなくても気にしない。それはもう凡人でなく、君子だという意味です。

君子とは少し違うかもしれませんが、フィンセント・ファン・ゴッホもまた、生前は世間の人に作品の評価が得られなかった人です。弟だけが評価をしてくれて、お金を送ってくれました。しかし、世間の人はゴッホの絵の価値がわからず、彼はそのまま亡くなりました。

それでもゴッホは死ぬまで情熱を持ち続けました。自分自身の描きたい絵を極め、生命力をキャンバスの上に表現しようとし続けたのです。こうした生き方は、ある意味、君子と言えると思います。

人に評価されるから頑張るというのではなく、自分自身がやりたいことを

極めていく。そういう生き方こそが、君子なのかもしれません。たとえばソクラテスも文字として書物を書き残しませんでした。自分が生きている姿そのものに価値がある、生の対話に価値があると考えたからです。

人に評価されることを求めるのでなく、どうしたらよりよく生きることができるのかを追求しました。「真・善・美」を求めて邁進《まいしん》する人は、他人の目線をあまり気にしなくなります。

西郷隆盛も人を相手にせず、天を相手にせよという言葉を大切にしていました。人に知られるかどうかを気に掛けることのない人間が大きな仕事をするということです。

人は誰でも評価されない時期や不遇の時代があります。そのとき人や世間を怨むのではなく、**「自分には何が足りないのか」と謙虚に思って努力し、準備していた人は、何かきっかけが訪れたとき、ぐっと伸びていきます。**人や社会を怨んでも、怨む力は後ろ向きで、前向きなパワーには変わらないことを教えてあげましょう。

友だちを選ぶことの大切さについて

34 よい友だちがいれば頑張れる

原文 無友不如己者（学而第一―8）

母「たけし、今日は帰りが遅いけど、どうしたの？」
たけし「ヒロシ君たちにゲーセンで遊ぼうって誘われたんだ」
母「ゲームセンターへは子どもだけで行っちゃいけないことになってたんじゃない？　学校の規則を破るのはいけないことよ」
たけし「でも、みんなも行ったんだよ。僕一人だけ『行かない』なんて言えないよ。ヒロシ君たちの誘いをことわったら、僕、仲間はずれになっちゃうよ」

母　「たけし、お友だちは選ばなくちゃいけないわね。悪いお友だちとつきあうと、自分も悪くなっちゃうの。孔子先生もお友だち選びは大切だって言ってるわ。

己《おの》れに如《し》かざる者《もの》を友《とも》とすること無《な》かれ

自分より劣った人とつきあってはいけない。自分より優れた人とお友だちになりなさい、という意味よ。人は低いほうに集まるほうが楽だけど、そうするといつまでたってもそのレベルから上には行けないの。だからよいお友だちを選んで、高いほうをめざしましょうね」

解説

〈己れに如《し》かざる者を友とすること無かれ〉は少しキツい言葉ですが、真実をついています。日本にも「朱に交われば赤くなる」という言葉がありま す。真っ白な布も朱《あか》い染料がつけば赤く染まってしまうように、悪い友だちといれば、考え方や行動がその人たちに近くなっていってしまう。だから朱には交わるな、ということわざです。

たしかにいまの子どもたちを取り巻く環境には落とし穴がたくさんあります。コンビニの万引きなども、友だちにそそのかされて、ゲーム感覚でふつうの子がやってしまうようです。そうしたリスクを避けるためにも、友だち選びは大切です。

私自身、中学受験をして国立大の付属中学に進学したのは〈己れに如かざる者を友とすること無かれ〉が理由だったように思います。その学校には、レベルの高い生徒たちが集まっていました。「教養とはこうやって身につけるものか」とひじょうに刺激を受けたのを覚えています。

私がいまだに学問をしつづけていて、それが楽しいと思えるメンタリティーは、中学のときに身につけたものです。あの中学受験が私の生涯の分かれ目だったといってもいいでしょう。人間性の基礎はよい友だちに出会うことで加速していくことがあります。私も、その中学でひじょうにやる気がある仲間と出会い、生涯の友人を得ることができました。彼らとは、いまでも励まし合える仲間です。

やる気のない人の群れの中にいると、自分もダレてきてしまいます。「この程度でいいや」と思ってしまいます。でも自分より少し上、やる気のあるグループに行くと、背伸びして頑張るようになります。

私も東大に入学したときびっくりしました。クラスメートが話しているのを聞いて、「高校時代にもうこんな本を読んでいたのか」と驚いて、購買部に買いに走った記憶があります。

人は自分一人ではなかなか高みにのぼれません。自分より優れた人と交わ

ることで、刺激を得て、頑張れるのです。先生や親から言われるより、**友だちからの刺激がいちばん影響力が大きいので、レベルの高い友だちを見つけることが大切**です。

「ズルをしても勝てばいいじゃん」と言われたとき

35 ズルをすると自分が損する

原文 放於利而行、多怨（里仁第四―12）

母　「たけし、いま、ズルしなかった？」
たけし「ううん、そんなことしてないよ」
母　「だってスペードの1、隠したでしょ？　ズルをしてはいけないのよ」
たけし「だって勝ちたかったんだもん」
母　「ズルして勝つくらいなら、負けたほうがずっといいの。ズルをするのはとっても恥ずかしいことよ。みんながズルをしたら、ゲームは成り立たなくなるでしょ。みんながつまらなくなるの。

利《り》に放《よ》りて行《おこ》なえば、怨《うら》み多《おお》し

と孔子先生もおっしゃっているわ。自分の利益ばかり考えて動くと、たくさんの人からうらまれるという意味よ。そういうことをしていると、結局、人に嫌われてしまうし、長い目で見ると自分が損をすることになるのよ」

解説

子どもはちょっとしたズルをすることがよくあります。ケーキを切るとき、自分の分を少し大きくしたり、ゲームをしているときもちょっとごまかしたりします。そういう場面を見つけたら、親は必ず指摘して、注意しなければいけません。

親子でトランプやゲームをするのは、そのいい機会になります。ズルを発見したら、それがどれだけ恥ずかしいことかを言ってきかせましょう。ズルをするのは、社会でいえば法律を破るのと同じです。みんながウソをついたり、ルールを破っていたら、社会が成り立たなくなってしまいます。

そうなると、いちばん困るのは自分なのだ、ということを教えましょう。**自分の利益や得なことばかり優先してやろうという人は、最後は損をするのだということ**を、小さいうちから教えておいたほうがいいと思います。

そして自分が得をしたかったら、自分の利益を考えるより、人の利益を考えて動いたほうが、結局はいい結果になることを伝えておきましょう。

昔から「情けは人のためならず」といいます。情けをかけると、めぐりめぐって自分のところに戻ってくる。だから自分のほうが損をするとわかっていても、相手のためにやってあげると、相手は「悪いな、やってもらっちゃったな」と思うので、今度は自分のために何かしてくれようとするのです。

そうやって自分中心ではない生き方をしていると、人間関係も広がっていきます。もし自分の子どもが友だち関係でうまくいっていないと感じたときは、こんなふうに聞いてみましょう。

「あなたは自分の得になることばかり考えているんじゃないの？　そうすると友だちはだんだん嫌になって離れていっちゃうんだよ」

〈利に放《よ》りて行なえば、怨み多し〉を標語のようにして教えておくといいかもしれません。だいたいもめごとというのは、山分けしようとしていたものを、誰かが独り占めしたために起こることが多いものです。人からうらまれるようなことはしないように言ってきかせましょう。

そういえば、私にも強烈な記憶があります。私がまだ小さいとき、自分のケーキを大事にとっておいたのに、兄に食べられてしまいました。「おまえが食べないと思ったから、親切に食べてやったんだよ」と兄からしゃあしゃあと言われ、子ども心にものすごく兄をうらんだことがあります。その後、兄からチョコレートをもらって機嫌を直しましたが。
自分の欲に負けて、人のうらみを買わないようにするのが大事です。

兄弟ゲンカをして「ぶっ殺す！」と言ったとき

36 キレてはいけない

原文 不遷怒、不弐過（雍也第六―3）

たけし「マサキ、おまえ、俺のベイブレードを黙って取ったな。ぶっ殺すぞ！」
マサキ「何すんだよ！　やめてよ！　お兄ちゃんなんか死んじまえ！」
母「二人ともやめなさいっ！　何をケンカしてるの」
たけし「マサキが僕のベイブレードを取ったんだ！」
マサキ「お兄ちゃんがベイブレードを貸してくれないんだよ」

母　「二人とも落ちついて。どっちが悪いか知らないけど、『ぶっ殺す』とか『死んじまえ』とか言うのは言いすぎなんじゃない？」

たけし「だってマサキが先に僕のベイブレードを取ったんだ。悪いのは僕じゃないよ」

母　「でもひどい言葉を使ったのは、いけないことね。そんな悪い言葉を使っていると、本当にそんな人になっちゃうの。だからまずそこに二人とも正座しなさい。そしてひどい言葉を使ったことを、お互いにあやまって反省するの。

怒《いか》りを遷《うつ》さず、過《あやま》ちを弐《ふた》たびせず

ってね。孔子先生のお弟子さんの顔回という人は、怒りにまかせて当たり散らしたりしなかったし、間違いを繰り返さなかったそうよ。顔回みたいな人になるのが理想だと、孔子先生はおっしゃっているわ。二人ともそういう人になりましょうね」

解説

〈怒りを遷さず、過ちを弐たびせず〉は孔子が魯《ろ》の国の君主哀公《あいこう》に「弟子たちの中で誰が学問好きですか？」と聞かれて答えた回答です。孔子はいちばんの学問好きに顔淵（顔回）の名をあげましたが、このとき顔淵はすでに病気で亡くなっています。

孔子は顔淵をいちばん可愛がっていました。顔淵が亡くなったとき、孔子は天をあおいで、「天は私を滅ぼした」と慟哭《どうこく》したと言われるほどです。**顔淵死《がんえんし》す。子《し》の曰《のたま》わく、噫《ああ》、天予《てんわ》れを喪《ほろ》ぼせり、天予《てんわ》れを喪《ほろ》ぼせり**（「**顔淵死、子曰、噫天喪予、天喪予**」**先進第十一―9**）

それくらい、孔子の信が厚かった顔淵という人は、怒って八つ当たりしなかったと孔子が述べています。私は「キレる」という言葉がはやったとき、それを分析する本を書いたのですが、そもそも「キレる」とは、原因と関係ないところで八つ当たりすることが多いのが特徴です。自分が何かに対して漠然と不満を抱えていて、それがある瞬間、何の関係もない人にブチぎれてしまうのが、キレるという構造です。通り魔殺人もその一種です。

ところが顔淵という人は怒りにまかせてキレることもなく、同じ過ちを繰り返さない人でした。つまり顔淵は反省する回路を持っていたわけです。いまは反省できない子どもや大人が増えています。悪いと思えないから、また同じことを繰り返すという悪循環におちいっているのです。

本当に悪かったんだと反省して意識することが、過ちを繰り返さないための工夫ですから、反省する回路は小さいうちからつくっておく必要があるでしょう。たとえば約束したのに守れなかったとか、宿題をやらなかったというようなときは、正座をさせます。

この正座が大事なポイントです。ソファーでふんぞりかえっていては、反省ができません。正座して目をつぶって、何がどういけなかったのか、よく考えさせます。正座とは自分自身の内側を省みる姿勢です。

そして自分の胸に手をあて、よく考えていると、心がしずまって、「こんな言葉は言っちゃいけなかったんだな」と思えるようになります。**罰を与えるより、正座させて、反省する回路をつくること**のほうが大事です。

誰からでも学べる大切さを教える

37 周りの人に先生を見つける

原文 我三人行、必得我師焉（述而第七―21）

はるか「お母さん、あのね、私たちのグループにね、リサちゃんが入りたいっていうの。でも、はるか、リサちゃんが好きじゃないんだ。リサちゃんって、自分勝手だし、いばるし、仲間に入れるの嫌だな」

母「でも自分が嫌いだなって思っても、向こうが仲良くしたいなら、仲間はずれにしちゃダメよ。嫌いな人でも仲良くしなくちや」

はるか「どうして？」

母「それはね、どんな人からも学べることがあるからよ。孔子先生もこう言っているの。

我《わ》れ三人《さんにん》行《おこ》なえば必《かなら》ず我《わ》が師《し》を得《う》

ってね。三人で行動したら、必ずその二人から自分の先生を見つけられるという意味よ。もしとても優秀な人だったら、その人を見習えばいいし、もしわがままでいばりん坊の嫌な人だとしても、自分はそうならないように気をつければいいでしょ？どんな人からも学べるんだから、嫌い、という理由だけで、人を遠ざけると、自分が損しちゃうわね」

解説

〈我れ三人行なえば必ず我が師を得〉は、どんな人からでも学べるという意味です。吉川英治は「我以外皆我師」と言っています。自分以外はみな先生だ、というところまで行けば、大したものです。

学びに関して言うと、必ずしも優れた人からしか得るものがないわけではありません。優れていない人からも、学べるものがあります。たとえば習い事でもそうです。下手な人がいるとき、「あ、こうやるとまずいんだな」ということも学べますし、下手でもどこか自分より優れていれば、そこから学ぶことができます。

私は高校時代、テニスでプロをめざそうと思うくらい部活に打ち込んでいたことがあります。もっとうまくなるにはどうしたらいいかと、毎日練習に励んでいました。

テニス部には、私よりずっと実力は下でしたが、サーブがうまい選手がいました。そこで私はその人のサーブをせっせとまねして練習したのです。

さらにその人に頼んで、バックハンドの練習ばかりやらせてもらいました。何しろ彼はサーブのコントロールが抜群です。私が苦手なコースに集中的に打ち込むことができました。そうやって、バックハンドばかり三時間ほど練習したところ、私は苦手だったバックハンドのリターンがひじょうにうまくなったのです。

こんなふうに、その人の得意分野と自分の苦手なものを組み合わせれば、お互いにぐっと伸びていきます。数学や英語は苦手だけれど、歴史だけは圧倒的にできる、という人がいれば、歴史の勉強法について教えてもらえばいいのです。

ですから、**誰からでも学べるという気持ちを持っていると、誰とつきあっても損がありません。**子どもに教えるときは、**「周りの人に先生を見つけてみよう！」とゲーム感覚で探させてみる**のもいいかもしれません。

「○○君は〝クワガタのことだけ〟先生」とか「○○ちゃんは〝さかあがりだけ〟先生」と探していくと面白いと思います。「〝この部分だけ〟先生で言うと、○○さんは何?」と身近な人を片っ端から先生にしていきます。

するとあの子はあれがすごい」「この子はここがすごい」というように友だちがどんどんよく見えてきます。そして「ねえねえ、教えて」とお互いに教え合う関係になれれば、友だちどうしの間もとても前向きで楽しいものになっていきます。

「どうして友だちにウソをついちゃいけないの?」と言われたら

38 隠しごとのない心が人をひきつける

原文 吾無隠乎爾、是丘也(述而第七―23)

はるか「お母さん、リサちゃんて、ピアノ習ってないのに、習ってるってウソついたり、おうちは大金持ちだとか言って、すぐカッコつけるんだよ。そんなのよくないよね?」

母「もちろんよ。お友だちにウソをついちゃいけないわ。でもはるかもお友だちにカッコつけたくてウソをついたり、自分に都合の悪いことを隠したりしたことない?」

はるか「はるかはそんなことしないもん」

母「そう、おりこうさんね。お友だちがたくさんできて、人に好かれる人は、ウソや隠し事をしない人なのよ。孔子先生はたくさんの人たちから尊敬され、お弟子さんたちからも慕われていたの。先生がいつも心をオープンにされていたからよ。

吾《わ》れは爾《なんじ》に隠《かく》すこと無《な》し。是《こ》れ丘《きゅう》なり

私はあなたたちに何の隠し事もしていない。これが私という人間なんだ、という意味よ。こんなに心を開いて弟子たちと向き合っていたから、孔子先生は人をひきつける魅力があったのね。はるかもお友だちにウソを言ったり、隠し事をしないで心を開いて接していれば、リサちゃんもきっとはるかを見て、改めるようになると思うわ」

解説

〈吾れは爾に隠すこと無し〉は〈二三子《にさんし》、我《わ》れを以《もつ》て隠《かく》せりと為《な》すか〉（諸君は私が隠し事をしていると思うか）という孔子の問いに続く言葉です。そして孔子は、自分は隠し事などしていない。どんなことでも諸君といっしょにする。これこそが丘（孔子の名前）という人間である、とすがすがしく言い切っています。

この言葉を見ても、孔子がどれほど心を開いて人に対していたかがわかります。弟子たちもそんな孔子が好きで集まってきました。孔子もカッコつけずに、スパッと言うべきことを言い、ときには厳しいことも言いましたが、隠し事のないまっすぐな心が人をひきつけていたのです。

心を開くというのは、とても大切なことです。心をオープンにできないと、相手が自分を理解できないので、「変な人」とか「とっつきにくい人」

と思われ、敬遠されてしまいます。

心をオープンにできない理由は、相手に自分のことが知られすぎてしまうと、実力がないのがわかってしまうからです。人はどうしても自分を大きく見せたい傾向があります。そこでついカッコつけて自分をよく見せようとしたり、ウソをついて自分に都合の悪いことを隠したりしてしまうのです。そしてそのウソがばれないように、ますます心を閉じて、バリアをつくってしまうという悪循環が繰り返されます。

でも孔子のように「自分はこれだけの人間です。思っていることはこうです」と言い切ってしまうと、楽になります。そのほうが人も安心して心を開くし、情報も入ってくるし、いいことずくめです。**心を閉じてしまわないで、いつもオープンに開けている状態をつくることが大切**です。

子どもがカッコつけてウソをついたり、言いわけをしているようなときは「爾に隠すこと無し」と言うといいでしょう。

そして**お互いに心を開いているときにできた友だちが大事だと教えてあげ**

ましょう。孔子と弟子たちとの間は師弟関係でしたが、友情の関係もあったと思います。だからこそ、〈吾れは爾に隠すこと無し〉〈是れ丘なり〉とスパッと言い切れたのです。

その恰好《かっこう》よさを学びましょう。

友だちを傷つけるようなことを言ったとき

39 マナーから外れたことは言ってはいけない

原文 非礼勿言（顔淵第十二―1）

はるか「お母さん、私、リサちゃんに『あなたはいばりん坊だから、みんなに嫌われるんだ』って言ったの。そしたらリサちゃん、泣いちゃった」

母「リサちゃんは悲しかったでしょうね。そんなひどいことをお友だちから言われたら、傷ついちゃうわ」

はるか「でもお母さんは、心に隠し事をしちゃいけないって言ったじゃ

母　ない」

「そうね。でもそれは自分に都合の悪いことを隠すという意味なの。孔子先生は心を開いている人だったけど、こういうことを言っているの。

礼《れい》に非《あら》ざれば言《い》うこと勿《な》かれ

礼にはずれたことを言ってはいけない、という意味よ。心をオープンにしていると、これを言ったら相手を傷つけてしまうということもわかってくるわ。そういうことをわきまえて、お話ししないとね。自分が言われて傷つくことは、人にも言ってはいけないわね」

解説

この言葉は孔子の一番弟子の顔淵が、孔子に「仁とは何か？」と聞いたときに、孔子が言った答えです。要点部分の全文を紹介すると、「仁」とは〈礼に非ざれば視ること勿かれ、礼に非ざれば聴くこと勿かれ、礼に非ざれば言うこと勿かれ、礼に非ざれば動くこと勿かれ〉となります。

この場合の「礼」とは日常生活を行なう上での具体的なルールやマナーと見ればいいでしょう。「非礼」とはその礼がないこと。似た言葉に「失礼」があります。「失礼な奴だ」というときによく使われます。

「口は禍《わざわい》の元」と言いますが、世の中にはひと言多い人がいます。友だちに好かれない人の中には、この〝ひと言多いタイプ〟がよく見られます。こういう人はついついよけいなことを言ってしまうのですが、言われたことが当たっていなければ相手は怒るし、本当のことでもよけい腹が立つので、どちらにしても嫌われるというわけです。

思ったことを何でも言ってしまうのは、正直でいいことのように思いがち

ですが、これは間違いだと、子どもに教えなければいけません。言う前にとにかくいったん考えて「それが失礼にならないか」を自問自答する練習を小さいときからしておかないと、友だちに嫌われてしまうということです。

たとえば友だちが髪を切ってきたとします。「この髪型、どう？」と言われたとき、たいていは不安だから聞いてくるケースが多いのです。「髪を切りすぎちゃって、おかしくないかな」とか「前髪を切りすぎちゃった」と思っているときに、「短すぎるじゃん」「前のほうがよかったよ」「へんな頭！」「自分で切ったの？　ひどいね」などと言われたら、本当に傷つきます。

こんなことを自分が言われたら、言った人のことをぜったい嫌いになります。だから思ったことを何でもパッと口に出して言うのは、いいことでも何でもありません。**何かを話そうと思ったら、その前に一度心の中で、これを言ったら相手がどう思うのかを考えて言う習慣をつけておくことです。**

大学でも、先生に向かって友だちのようなタメ口をきいてしまう人がいます。思わず出てしまうのでしょうが、決していい印象はありません。会社で上司にこれをやったら、評価はガタ落ちでしょう。「えっ、知らないっスよ」みたいな口のききかたをしたら、いったいこの人はどんな育ち方をしてきたのかと、人間性を疑われてしまいます。

大人でもときどきこれをやってしまうので、「話す前に一度、頭の中で言ってみて、大丈夫と思ったら言う」という習慣を、小さいときからつけておきましょう。

挨拶の大切さを教える

40 きちんと挨拶すれば、世界中がみな兄弟

原文 与人恭而有礼、四海之内、皆為兄弟也（顔淵第十二―5）

母　「たけし、さっきお隣りのおばさんとすれ違ったとき、どうしてちゃんと挨拶しなかったの？」

たけし「僕、したよ。頭さげたもん」

母　「でも、あれじゃ、おばさんにわからなかったと思うわ。ちゃんと声に出して『こんにちは』って言わなくちゃ」

たけし「いちいち面倒くさいよ。だいたい、どうして挨拶なんかしなく

母　ちゃいけないのさ」
「それはね、挨拶がちゃんとできると、みんなと仲良くできるからなの。『論語』の言葉にこういうものがあるの。

人《ひと》と恭《うや》〻《うや》しくして礼《れい》あらば、
四海《しかい》の内《うち》は皆《み》な兄弟《けいてい》たり

って。人に対して丁寧に礼を守って接していると、世界中の人たちみんなと兄弟になれる、仲良くなれるという意味よ。人と仲良くなるためには、まず挨拶が大切なの。それさえちゃんと守っていれば、どこへ行っても好かれる人になれるわ」

解説
これは司馬牛という人が乱暴者の兄のことを嘆き、「自分にはよい兄弟がいない」と言ったのに対して、孔子の弟子の子夏《しか》が伝えているものです。**挨拶をちゃんとして、礼儀正しくしていれば、世界中の人がみな兄弟になれます。**みんなが仲良くするには、まずは挨拶が基本になります。どの国に行っても、挨拶をきちんとすれば、ケンカにはなりません。

私も家から駅に行く途中にお米屋さんやお豆腐屋さんがあるのですが、毎朝、挨拶して通ります。お店の人もたいてい通りのほうを向いているので、私に気づくと挨拶を返してくれます。お互いに挨拶することで、何か気持ちが通じ合って、いい一日の始まりになります。

挨拶できない人は、せっかくのこの気持ちがつながるきっかけを失っていることになります。もったいないことです。挨拶をしない子に対しては、「人と恭しくして礼あらば、四海の内は皆な兄弟たり」と教えるといいでしょう。

そのほかには、何かしてもらったらすぐにお礼を言ったり、食べ物をもらったときは、次に会ったときに「美味しかったです」と感謝の言葉とともに食べた感想をひと言返す習慣も大事です。初対面のときに、ちょっとした気をつかうのも、とても印象に残ります。

私はテレビに出演するときに、芸能人の方とお会いすることもあるのですが、人気のある人はやはり人に対する気のつかいかたが違います。たとえば所ジョージさんと番組で一緒になったとき、所さんは共演者とスタッフ全員に小さなお手製のバッグを「どうぞ」とプレゼントしてくれたのです。

バッグの中にはボールペンや自分でつくったものがこまごまと入っていて、とても心がこもったものでした。それをスタッフの分も含めて、人数分用意して持ってきたと聞きますと、さすがに芸能界で長く人気を保っている人は違うな、と思ったことがあります。

こんなふうに初めての人にも何気ないものをちょっとあげたり、言葉のプレゼントでもかまいませんが、**気がつかえる人は、だんだんと友だちが増えてきて、人間関係も豊かになっていくことを教えましょう。**

人に対して礼をわきまえ、挨拶もきちんとできて、ちょっとしたプレゼントができる人になれば、厳しい世界でも生き残っていけるのではないでしょうか。

「どうして人の悪口を言っちゃいけないの?」と聞かれたら

41 小さな過ちは赦してあげる

原文 赦小過、挙賢才(子路第十三―2)

たけし「ヤスオ君って、みんなから嫌われているんだよ。グズでのろまだから、あいつがいると、いつもドッジボールで負けるんだ。この間も、あいつがドジったから、1組に負けちゃって、ほんと悔しいよ」

母「そうなの。それは残念だったわね。でもヤスオ君にだっていいところがあるんじゃない?」

たけし「あいつにいいとこなんて、あるわけないじゃん」
母「そうかしら。たけしに見えないだけなんじゃない？　孔子先生はこうおっしゃっているの。

小過《しょうか》を赦《ゆる》し、賢才《けんさい》を挙《あ》げよ

小さい過ちは許してあげなさい。そして優れた者をちゃんと引き立ててあげなさいっていう意味よ。お友だちのミスばかり見て非難していても、お互いに不愉快になるだけでしょ。それより、小さなミスは許してあげて、お友だちの優れたところを見つけるの。そしてそこから学べば、みんなで伸びていけるから、とっても楽しくなると思うけど」

解説

これは政治について孔子が聞かれたときに答えた言葉です。まず大事なことは、小さな過ちを許してあげること、そして才能の優れた者をちゃんと引き立てて、応援してあげなさい、と言っています。

〈小過を赦し〉というところが、子どもにはとくに大事です。とかく人は相手のダメなところや悪いところに目が行きがちですが、そういう見方をしていると、世の中は腹が立つことばかりになってしまいます。

それは結局自分を不幸にしてしまうので、そうではなくて、**よいところ、優れたところに目を向けさせることが大事**です。そのためには「ほめる」習慣を身につけさせるといいでしょう。

たとえばクラスに三〇人がいたら、それぞれのいいところを一つずつあげていく練習をするのです。ウソやお世辞を言うのではなく、ちゃんといいところを見つけていきます。少しでもいいところを見つけようとする姿勢をワザ化していくことで、物事のプラス面に注目する視点が身につきます。すると人間や社会に対する見方がポジティブになるので、人間関係やチャンスも広がり、より幸福に人生を送ることができます。

〈小過を赦し、賢才を挙げよ〉は親にとっても大切な言葉です。親は子どもの小さな過ちと大きな過ちを区別する必要があります。道路にいきなり飛び出してしまうとか、お友だちを押し倒すとか、命にかかわるような大きな過ちに対しては、厳しく指摘して叱《しか》らなければなりません。

でもどちらでもいいような小さな過ちなら許してあげます。そうすることで子ども自身も他人に対して心が広くなり、寛容な人間になります。

また〈賢才を挙げよ〉に関しては、子どもがいいところを見せたら、きちんとほめて伸ばしていくということが大事です。それは公平に判断するということなので、人に対してえこひいきをしないことにもつながります。

人間には嫉妬《しっと》心や競争心があります。それ自体は悪いことではありませんが、それをあからさまにして相手を否定してしまうと、せっかく相手が優れたものを持っていても、学ぶことができません。人は人から学んで伸びていくのですから、つねに相手のいいところを見て学ぶ姿勢を小さいときから身につけておく必要があります。そのためには、親自身が子どもを公平に判断し、優れたところは惜しみなくほめることが大切なのです。

「塾に行くと友だちと遊べない」と言われたら

42 仲良くしても馴れ合いはしない

原文 君子和而不同、小人同而不和（子路第十三―23）

たけし「お母さん、僕、塾があるから放課後、友だちと遊べないよ。みんなは一緒に遊ぶのに、僕は行けないから友だちができないよ」
母「でもたけしは中学受験するって決めたんだから、放課後は塾に行かなきゃいけないわよね」
たけし「うん」
母「じゃあ、みんなにそう言って帰ってくればいいんじゃない？

学校にいる間にみんなと仲良くできれば、放課後もずっと一緒にいなくちゃいけないってことはないと思うわ。こういう言葉があるの。

君子《くんし》は和《わ》して同《どう》ぜず、小人《しょうじん》は同《どう》じて和《わ》せず

できた人は人と仲良くしても同調はしない。でも心が小さい人は人と同調するけれど、本当には仲良くできないという意味よ。野球のイチロー選手も毎日お父さんと野球の練習をしていたの。だから放課後、お友だちと遊ぶことはなかったわ。でも学校でひとりぼっちだったかというと、ちゃんとお友だちがいたのよ。だから、いつもお友だちとつるんでいなくても、ちゃんと仲間になれるのよ」

解説

〈君子は和して同ぜず、小人は同じて和せず〉は『論語』の中でも有名な言葉です。これは子どもの世界ではとても大切なことです。みんなが悪いことをして盛り上がっているときでも、自分は同調せずにいられるかどうか。みんなで万引きをすることになり、「おまえもやれよ」と言われたときに、ふだんは仲良くしているけれど、そういうときは一緒にやらずにいられるか、ということです。

中学受験をする場合でも同じです。受験をしない子は放課後遊んでいます。でも自分は塾があって、途中で帰らなければいけません。そんなとき、「僕、塾だからもう帰らなくちゃ」と言えるかどうか。そういうとき毅然《きぜん》と「ごめん。僕、塾だから帰るね」と言えれば、周りも「あいつは受験するから」と自然と認めてくれるようになります。

〈和して〉というのは仲良くすること、〈同ずる〉は同調すること。その二つは似ているようで違うことをはっきり教えなければいけません。**友だちと仲良くすごすのは大切ですが、必ずしもみんなと同じことをしなくてもいい**ということです。

「つるむ」という言葉があります。これは〈同ずる〉の典型です。仲間どうし、いつもつるんでいて、トイレに行くのも一緒という人がいます。大学生でも、「知らない人とグループを組んでください」と言うと、なかなか相手を探せない人がいます。

クラス替えがあっても、前のクラスの仲がよかった人とばかりずっと一緒にいるようだと、新しい人と知り合えないので、人間関係が広がりません。みんなと仲良くするのは大切ですが、いつもいつも一緒にいたり、同じことをしなくてもいいのです。イチローのように学校が終わると、まっすぐ家に戻ってきて、父親と野球の練習に励む。イチローは「ぼくは三百六十五日のうち、三百六十日厳しい練習をしているので、きっとプロ野球選手になれると思います」というようなことを小学校時代に書いていますが、それが

〈同ぜず〉です。

子どもが悪いことをするときは、「みんなでやればこわくない」式に、同調する力でつっ走ってしまいます。そんなときでも、ふだんは〈和して〉仲良く接しながらも、イチローのように自分の道はしっかり見きわめて、悪い道に踏み込まない意思の力が重要です。

友だちに自慢して優越感を得てはいけないことを教える

43 立派な人はいばらない

原文 君子泰而不驕、小人驕而不泰（子路第十三―26）

母　「たけし、さっきお友だちに新しく買ったゲームの自慢してなかった？」

たけし「うん。だってあいつ、ちょっとぐらい勉強ができるからって、いつも自慢するんだよ。嫌な奴！　だからこっちも自慢してやったんだ。悔しそうな顔してたよ。いい気味」

母　「たけし、それはとっても恥ずかしいことをしちゃったわね。自分が何か持っていたり、お金があるからといって、それを人に自慢するのは恥ずかしいことよ。人にうらやましいと思わせて、自分を強い立場に置くのは、卑怯《ひきょう》な人がやることなの。孔子先生もこうおっしゃっているわ。

君子《くんし》は泰《ゆたか》にして驕《おご》らず、
小人《しょうじん》は驕《おご》りて泰《ゆたか》ならず

立派な人は落ちついていて、いばらないけれど、人間ができていない人はいばっていて落ちつきがないの。心がゆったりしている人は、決して人にいばらないものなのよ。たけしもそういう人をめざさないといけないわね」

解説

子どもの世界では、往々にして友だちに自慢したり、いばることが起きています。ドラえもんがあんなに人気があるのも、子どもの世界をよくあらわしているからです。

たとえばジャイアンはとてもいばっています。体が大きくて、腕力があるからですが、それは一種の驕りです。スネ夫も「うちってこんなものがあるんだ」と自慢します。スネ夫自身が努力して得たものではなく、たまたま親がお金持ちだっただけにすぎませんが、それでもいばります。

のび太はみじめな気持ちになって、ドラえもんに泣きつき、何とかしてもらうのが、いつものパターンです。それが人気があるのは、子どもたちが日常的にのび太と同じような場面に遭遇しているからでしょう。ドラえもんがいればいいな、と切実に思うのは、子どもたちの間で、いかにいばったり、自慢したりが起きているかのあらわれです。

結局、「自分はこれを持っているんだ」などと言って、友だちから「ああ、うらやましい」と思われることによって、自分を強い立場に置くわけです。その構造は、大人になってからも、見栄やはったり、虚飾といった形であらわれます。

ですから**子どもが友だちに対して何かいばったり、自慢しているのを目撃したときは、〈君子は泰にして驕らず〉と言って注意するといいと思います。**子どもの発言や、友だちとの会話に気をつけていると、自慢しているかどうかがわかります。日本では、自慢する人は嫌われる傾向にあるので、子どもの自慢グセには注意しましょう。

また孔子は落ちついていることも大切だと言っています。ゆったりしていると、浮つかないし、いばらないということです。

子どもが落ちついていないときは、はあはあと呼吸が浅くなっています。そういうときは**一度息を大きく吸って、「はあーっ」と吐かせて、まず落ちつかせましょう。**おへその下の「臍下丹田《せいかたんでん》」という場所に手のひらを置き、「ここでゆっくり呼吸してね。はい、息を吸って、止めて、はい、ゆっくり口から吐いて、吐いて、吐いて」という感じで、深呼吸をさせると、落ちついてきます。

親もおへその下に手を置いて、子どもと一緒にやってみるといいでしょう。呼吸が深くなると、気持ちも落ちついてゆったりしてきます。

自分の気まぐれで行動するのをいさめる

44 周りをホッとさせる人になる

原文 脩己以安人（憲問第十四―44）

はるか「お母さん、はるか、やっぱり明日の子ども祭り、行かない」
母「どうして？　だってみんなと一緒に行くって約束してたんじゃない？」
はるか「うん、そうだけど、なんか面白くなさそうなんだもん。去年も行ったし、急に行きたくなくなっちゃった。だから、行くの、やーめた」

母　「でも、みんなは一緒に行くつもりにしているわよ。はるかだけ、ドタキャンするのはよくないわ。いつも自分の気分次第で動く人は、周りのお友だちを振り回すから、嫌われちゃうの。そういうときは孔子先生のこの言葉を思い出してね。

己《おの》れを脩《おさ》めて以《もっ》て人《ひと》を安《やす》んず

自分の感情をちゃんとコントロールできるよう自分自身を修養すると、人を安心させる人になれるという意味よ。いつも気分が変わったり、ちょっとしたことでプンプン怒っちゃう人とは、はるかも一緒にいたくないでしょ？　みんなから好かれるのはその人といて安心できたり、ほっとできる人よね」

子どもというのは、感情が高ぶったり、情緒が不安定になりがちです。たとえば、「あれが欲しいよ！」とか「あそこへ行きたい！」などと感情が激すると、わっと心が乱れてしまって、自分でも収拾がつかなくなります。

私もこの間、道を歩いていたら、中華料理屋さんから二人の兄弟と両親が出てくるのに出会いました。すると小学校三、四年生くらいになる上の子がもうボロ泣きしているのです。オイオイ泣いて、しゃくりあげて、もうどうしようもない感じです。たぶん、親に叱られるか何かして、本人にとってはおそろしくつらいことがあったのでしょう。

「ああ、人って小学校に入っても、あんなにボロ泣きするんだな」と思いました。そういえば私も小学校二、三年生のとき、何かで親に叱られて、大泣きしたのを覚えています。まだ自分の感情をコントロールできないので、冷静になって考えられないのです。

これが小学生ならまだ可愛いのですが、大学生くらいになっても、まだコントロールできない人がたまにいると、みっともない限りです。先生にちょっと注意されると、机の上につっぷしてしまって、顔もあげない。

そうすると、その人は子どもっぽいと思われてしまいます。大人になるとあえて周りは注意してくれませんが、「ああ、あの人は幼稚っぽくて、ちょっとマズいよね」と仕事からはずされることもあります。

これらはすべて自分の感情をコントロールできないことから来ています。**気分がコロコロ変わったり、すぐに機嫌が悪くなったり、気まぐれで動く人がいたら、一緒にいる人はとてもつらくて敬遠したくなることを、子どもには教えなければいけません。**

孔子は自分を修めれば、人を安らかにすることができると言っています。そういう人になってほしいというわけです。ですから子どもが気分次第で動こうとしたり、みんなで一緒にやろうとしているのに、「私、帰るわ」と一人だけ自分勝手な行動をとったときは、〈己れを脩《おさ》めて以て人を安んず〉を引用して、**「ほかの人を安心させなきゃいけないんだよ。自分がほかの人に**

迷惑をかけていないかどうかチェックしてね」と教えるといいでしょう。

ちなみに〈己れを脩めて以て人を安んず〉は弟子の子路が「君子とは？」と質問したことに答えたものです。孔子は君子とは〈己れを脩めて以て敬す〉、つまり自分で修養してつつしみ深くふるまうことだ、と言っています。子路が「それだけでしょうか？」と聞いたところ、孔子は〈己れを脩めて以て人を安んず〉と答えたのです。情緒が安定した人は、人によい影響を与える、と孔子も述べています。

「人にバカって言っちゃいけないのはなぜ？」と聞かれたとき

45 自分がされて嫌なことは、人にしてはいけない

原文　己所不欲、勿施於人也（衛霊公第十五―24）

母　「たけし、どうしてマサキを泣かしたの？」

たけし　「僕、何も悪いことしてないよ。マサキが僕の新しいケシゴムを勝手に使ったんだよ。だからあいつに『バカ、死んじゃえ！』って言ったの。そしたら急に泣き出したの」

母　「お兄ちゃんのケシゴムを黙って使ったのは、マサキも悪かったわね。でも『バカ、死んじゃえ！』と言うのもよくないわ。も

したけしが同じことを言われたら、どう思うかしら。お母さんが試しに言ってあげるから、どう思うか教えて。いい？　言うわよ。『たけしのバカ、死んじゃえ！』。さあ、どう思った？」

たけし「嫌な気がした」

母「ね、とっても嫌でしょ。だったら、自分がされて嫌なことは、人にしちゃいけないわね。孔子先生もこうおっしゃっているわ。

己《おの》れの欲《ほっ》せざる所《ところ》、
人《ひと》に施《ほどこ》すこと勿《な》かれ

ってね。自分が望まないことは、人にしてはいけない、という意味よ。これは孔子先生のとても有名な言葉なの。覚えておくといいわよ。大人になっても一生役に立つ言葉だと思うわ」

解説

〈己れの欲せざる所、人に施すこと勿かれ〉は「思いやり」の大切さを述べた言葉です。弟子の子貢が孔子にこう質問します。「一生、これひとつでいいのだという、このひと言だけでやっていけるものはないですか?」。

孔子の答えはこうでした。「其れ恕《じょ》か」。つまり「それは思いやりだね」と言っています。そしてつづけて〈己れの欲せざる所、人に施すこと勿かれ〉と答えたわけです。

一生、これだけでやっていけるというひと言は「思いやり」である、という孔子の言葉には深いものがあります。その「思いやり」の中身は「自分がされて嫌なことは人にしない」ということです。

世の中を生きていく原理を「思いやり」にしたところが、孔子のすごいところです。ほかにもいろいろ大事なことはあると思いますが、これに絞り込んだ孔子の考えはさすがと言わざるをえません。これほどの人物が紀元前、キリストがまだ生まれる前に中国にいて、諸国を回りながら、教えを説いていたのですから、中国の文化のすごさがしのばれます。

〈己れの欲せざる所、人に施すこと勿かれ〉という言葉を、孔子はほかでも述べています。仲弓《ちゆうきゆう》という弟子が孔子に「仁」とは何か、と聞いたとき、孔子はまったく同じ言葉を述べています（顔淵第十二―2）。この言葉を孔子がいかに重要視していたかがわかります。

「自分がされて嫌なことを人にやってはいけない」というのは、ひじょうに簡単なことですが、これを徹底するのは難しいものです。**小さいときから〈己れの欲せざる所、人に施すこと勿かれ〉を標語のようにして、身体にしみこませておくのがいいでしょう。**

兄弟や友だちにひどい言葉を投げつけたり、乱暴な行動をとっていたら、それを見過ごさないで、**「いまの言葉、自分が言われたと思ってごらんなさい」**とか、**「同じことをされたと想像してごらんなさい」**と一回反芻《はんすう》させるのがいいと思います。

なかなかイメージできないようなら、親が同じことをしてみて「ほら、嫌な気がしたでしょう。なら、やらないほうがいいわよね」と教えてやるといいでしょう。そのとき〈己れの欲せざる所、人に施すこと勿かれ〉をいつもセットにして言い聞かせると、この言葉が身についていきます。

コラム

君子《くんし》は人《ひと》の美《び》を成《な》す。人《ひと》の悪《あく》を成《な》さず。小人《しょうじん》は是《こ》れに反《はん》す

原文 君子成人之美、不成人之悪、小人反是（顔淵第十二―16）

君子は人の美点を引き出してなし遂げさせ、悪い点は出てこないようにするが、小人はその逆である、という意味です。いい人とつきあっていると、自分のいいところが伸びてきますが、悪い人とつきあうと、自分も悪い影響を受けてしまいます。子どもの場合はとくに友だちの影響が顕著に出ま

す。親は、長所を伸ばす友だちとつきあうよう、上手に子どもを導いてください。

〈人の美を成す〉は、人をほめることとも通じます。人は自分でも気づかなかった長所を発見してもらえると、ひじょうに喜びます。長所を発見する能力も訓練で養えるので、親自身が率先して子どもをほめましょう。そうすることで子どもも人の長所を見つける能力が養われます。

たとえば子どもが空の絵を描いたとします。「こういう空が描けるのは、きっとあなたの心が澄んでいるからかしら」とか「もしかしたらあなたは世界をこんなふうに変えたいと思っているのね」などとほめてあげると、自分自身に新しい発見がありますし、人の長所を発見しようとする姿勢も身につきます。

著者紹介
齋藤 孝（さいとう　たかし）
1960年、静岡県生まれ。東京大学法学部卒業、東京大学大学院教育学研究科を経て、現在は、明治大学文学部教授。専攻は教育学、身体論、コミュニケーション論。ミリオンセラー『声に出して読みたい日本語』（草思社）などで、空前の日本語ブームを起こす。『語彙力こそが教養である』（角川新書）などビジネスマン向けの著作が多いが、ＮＨＫ Ｅテレ『にほんごであそぼ』を総合指導し、幼児とその母親たちからの人気も高い。『こくごであそぼ』『子どもの集中力を育てる』（以上、文藝春秋）、『ちびまる子ちゃんの音読暗誦教室』（集英社）、『齋藤孝の日本語プリント』（小学館）、『齋藤孝の音読破１ 坊っちゃん』（夏目漱石・作、齋藤孝校注・編、小学館）、絵本『おっと合点承知之助』『えんにち奇想天外』（以上、つちだのぶこ・絵、ほるぷ出版）、絵本『子ども版 声に出して読みたい日本語』シリーズ（齋藤孝・編、草思社）、『齋藤孝のイッキによめる！名作選』シリーズ（講談社）、『こども孫子の兵法』（日本図書センター）、『齋藤孝のガツンと一発文庫』シリーズ（ＰＨＰ研究所）など子ども向けの本や教育書もベストセラーに。小学生向けの塾「齋藤メソッド」を主宰。
http://www.kisc.meiji.ac.jp/~saito/

〈参考図書〉
『論語』金谷 治訳注（岩波文庫）
『論語新釈』宇野哲人（講談社学術文庫）
『論語』齋藤 孝（ちくま文庫）

この作品は、2010年５月にＰＨＰ研究所より刊行された『子どもが育つ論語の言葉』を改題し、加筆・修正を加えたものです。

編集協力――辻 由美子
本文イラスト――林 ユミ

PHP文庫 心が折れない子が育つ
こども論語の言葉

2017年10月16日 第1版第1刷

著者	齋藤 孝
発行者	後藤淳一
発行所	株式会社PHP研究所

東京本部 〒135-8137 江東区豊洲5-6-52
第二制作部文庫課 ☎03-3520-9617(編集)
普及部 ☎03-3520-9630(販売)
京都本部 〒601-8411 京都市南区西九条北ノ内町11

PHP INTERFACE http://www.php.co.jp/

組版	株式会社PHPエディターズ・グループ
印刷所 製本所	共同印刷株式会社

 ISBN978-4-569-76774-1

PHP文庫好評既刊

［超訳］論語　自分を磨く200の言葉

岬　龍一郎　編訳

人生の教科書ともいえる不朽の名著『論語』。現代の荒波を力強く生き抜くための最適なメッセージを厳選し、かつてないやさしさで解説。

定価　本体五五二円（税別）

こんなに面白かった「百人一首」

吉海直人 監修

「百人一首」が詠うのは、恋に悩み、仕事に疲れ、自然に感動する普通の人間の姿だった！ 古典がぐっと身近になる、全く新しい入門書。

定価 本体六二九円(税別)

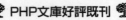